Diogenes

STEFANIE VOR SCHULTE, 1974 in Hannover geboren, ist studierte Bühnen- und Kostümbildnerin. Sie lebt mit ihrem Mann und vier Kindern in Marburg. Ihr erster Roman *Junge mit schwarzem Hahn* wurde 2021 mit dem Mara-Cassens-Preis für das beste deutschsprachige Debüt ausgezeichnet. Ihr zweiter Roman *Schlangen im Garten* erschien im September 2022.

Stefanie vor Schulte

Junge mit schwarzem Hahn

ROMAN

Diogenes

Die Erstausgabe erschien 2021 im Diogenes Verlag
Covermotiv: Gemälde von Pablo Picasso,
›Garçon à la pipe‹, 1905 (Ausschnitt)

Veröffentlicht als Diogenes Taschenbuch, 2023

www.diogenes.ch
80/23/36/1
ISBN 978 3 257 24691 9

1

Als der Maler kommt, um ein Altarbild für die Kirche zu fertigen, weiß Martin, dass er am Ende des Winters mit ihm fortgehen wird. Er wird mit ihm gehen und sich nicht mehr umdrehen.

Über den Maler haben die Leute im Dorf lang geredet. Jetzt ist er da und will in die Kirche, aber der Schlüssel ist weg. Die drei Männer, die im Dorf am meisten zu sagen haben, der Henning, der Seidel und der Sattler, suchen den Schlüssel und kriechen durch die Hagebutten vorm Kirchentor. Wind bauscht ihnen die Hemden und Hosen. Die Haare fliegen hin und her. Zwischendurch rütteln die Männer immer wieder am Tor. Abwechselnd. Vielleicht hat der andere ja falsch gerüttelt. Und dann sind sie jedes Mal verblüfft, dass es nach wie vor verschlossen ist.

Der Maler steht mit seiner schäbigen Habe daneben, schaut und grinst. Sie hatten ihn sich wohl anders vorgestellt, aber Maler fallen in dieser Gegend ja nicht vom Himmel. Vor allem nicht im Krieg.

Martin sitzt am Brunnenrand, keine zehn Schritte von der Kirchentür entfernt. Er ist jetzt elf. Sehr groß und dünn. Er lebt von dem, was er verdient. Sonntags aber wird nichts verdient, da muss er fasten. Er wächst aber trotzdem. Wann ihm wohl mal ein Kleidungsstück passt? Immer sind die Hosen zu groß und im nächsten Augenblick zu klein.

Seine Augen sind sehr schön. Das fällt gleich auf. Dunkel und geduldig. Alles an ihm wirkt ruhig und bedacht. Und das macht ihn den Leuten im Dorf unbequem. Sie haben es nicht gern, dass einer zu lebendig ist oder zu ruhig. Derb können sie verstehen. Verschlagen auch. Aber das Bedächtige im Gesicht eines Elfjährigen, das mögen sie nicht.

Und dann natürlich der Hahn. Den hat der Junge immer dabei. Auf der Schulter hocken. Oder im Schoß sitzen. Verborgen unter dem Hemd. Wenn das Vieh schläft, sieht es aus wie ein alter Mann, und alle im Dorf sagen, es sei der Teufel.

Der Schlüssel bleibt verschwunden, aber der Maler ist ja trotzdem da. Es gilt also, dem Mann jetzt die Kirche zu zeigen. Der Henning redet im Kreis, bis er plötzlich die Franzi in Verdacht hat. Die hat den Schlüssel. Keiner weiß, wie er darauf kommt. Trotzdem rufen sie nach ihr. Martin ist gespannt. Er mag die Franzi.

Franzi kommt auch gleich. Vom Wirtshaus, in

dem sie arbeitet, ist es nicht weit. Sie ist vierzehn, zieht sich das Tuch um die Schultern. Der Wind weht ihr das Haar in die Augen. Sie ist sehr schön, und die Männer bekommen Lust, ihr weh zu tun.

Es stellt sich heraus, dass die Franzi rein gar nichts mit dem Schlüssel zu schaffen hat. Das ist ärgerlich.

Da man mit Suchen schon genug Zeit vergeudet hat, benötigt man eine andere Lösung. Der Maler hat sich inzwischen zu Martin auf den Brunnenrand gesetzt. Der Hahn flattert von der Schulter des Jungen, stockelt auf die verkleckten Bündel des Malers zu und pickt daran herum.

Ob man eine Kirchentüre eintreten darf, überlegen die drei Männer. Darf man Gewalt anwenden, um das Haus Gottes zu öffnen? Oder ein Fenster einwerfen? Was ist denn der größere Frevel? Die Tür oder das Fenster? Man kommt überein, dass Gewalt nicht gut ist, denn zum Herrgott gelangt man allein durch den Glauben und das Wort, aber nicht durch einen beherzten Tritt.

»Oder durch den Tod«, wirft die Franzi ein.

Was die sich traut, denkt Martin. Schon allein deswegen muss man sie ein ganzes Leben lang beschützen, um ihr dabei zuzuschauen, wie sie sich Sachen traut.

Der Maler lacht. Ihm gefällt es hier. Er zwinkert

der Franzi zu. Die ist aber nicht so eine und zwinkert nicht zurück.

Den Pfarrer müsste man fragen, aber sie haben ja nur den Leihpfarrer aus dem Nachbardorf. Den eigenen Pfarrer haben sie letztes Jahr beerdigt, und seither ist ihnen noch kein neuer nachgewachsen. Es ist auch nicht klar, woher sie einen neuen bekommen sollen, denn bislang war ja immer einer da gewesen, und wer kennt schon den Anfang, ob nun zuerst das Dorf dagewesen war oder der Pfarrer mit Kirche. Also leihen sie sich seither den Nachbarspfarrer. Weil der aber nicht mehr der Jüngste ist und seine Zeit braucht, um die Strecke zwischen den beiden Dörfern zu überwinden, hat es sonntags den Gottesdienst erst nach Mittag.

Jedenfalls muss nun der Leihpfarrer gefragt werden, wie man sich Einlass ins Gotteshaus verschaffen kann. Aber wer soll jetzt fragen gehen? Am Himmel türmen sich gelbe Wolken, und man muss über das Feld, wo es keinen Schutz gibt. Hier oben schlagen die Blitze im Sekundentakt ein. DANG! DANG! DANG! Die ganze Nacht könnte das so gehen. Der Henning, der Seidel und der Sattler sind für die Dorfgemeinschaft zu wichtig, als dass sich ihr Tod riskieren ließe.

»Ich kann gehen«, schlägt Martin vor. Er hat keine Angst.

»Um den wäre es doch wenigstens nicht schade«, raunt der Seidel. Die anderen zögern. Schlau genug wissen sie den Martin. Die Frage überbringen kann er. Gewiss schafft er es auch, sich die Antwort zu merken. Sie ringen mit sich und tuscheln. Sagen schließlich: »Na dann, sieh zu.«

»Warum geht denn bei dem Sauwetter keiner von euch?«, fragt der Maler.

»Der hat doch den Teufel dabei«, antwortet der Henning. »Dem kann gar nichts geschehen.«

2

Die kleine Hütte ist die letzte oben am Hang, dort, wo die gefrorenen Wiesen an den Wald grenzen. An der Hütte muss man vorbei, will man das Vieh in den Wald treiben. Manchmal sitzt das Kind auf der Schwelle, grüßt freundlich und bietet seine Hilfe an. Manchmal hockt der Hahn auf der Kurbel des Schleifsteins, der mit den Jahren ins Erdreich gesunken und jetzt mit Flechten überwuchert, vom Frost unverrückbar festgebacken ist. An dem hat der Vater sein Beil erst geschärft und alle bis auf den Jungen erschlagen.

Da hat es vielleicht angefangen.

Der Bertram ist den Hang hinauf, weil die Familie tagelang nicht ins Dorf gekommen ist. Schuldner sind sie gewesen und Schuldner müssen sich blicken lassen, damit es Gelegenheit gibt, sich über sie auszulassen.

Also geht der Bertram rauf, die Familie an ihre gesellschaftlichen Pflichten zu erinnern.

»Aber alle tot«, erzählt er. Und freut sich, dass

von nun an und auf ewig ein jeder an seinen Lippen hängt und er immer etwas zu erzählen weiß.

Er in die Hütte, aber gleich fällt ein schwarzer Teufel ihn an. Der Hahn. Gesicht und Hände zerkratzt. Auf den Knien sucht der Bertram Schutz und sieht dann erst das Blut.

»Überall Blut. Gestank und Leichen. Ein Inferno, sag ich«, sagt er.

»Was das?«, fragt einer.

»Ich sag, die liegen da schon Tage. Sind schon Würmer dran. Ein Gewusel. Bäh.«

Er spuckt auf den Boden, und weil der Enkel ihn mag, spuckt der gleich daneben aus. Er tätschelt dem Kind die Wange.

»Gutes Kind bist du.« Und zu den anderen: »Dieses Mistvieh von einem Hahn. Der Teufel persönlich. Ich geh nicht noch mal da rauf.«

»Aber der Junge«, sagt einer.

»Ja, der hat gelebt. Mittendrin. Wahrscheinlich längst verrückt. All dieses Blut, diese Wunden, wie das klafft, versteht ihr. Da schaut man direkt hinein in so einen Körper. Das ist nicht schön. Das Kind ist bestimmt längst verrückt.«

Aber das Kind ist nicht verrückt und stirbt auch nicht. Es ist vielleicht erst drei Jahre alt und wohl recht stur, dass es noch lebt. Kümmern tut sich keiner. Ja, die Leichen haben sie weggeschafft. Aber an das Kind haben sie sich nicht herangetraut. Vielleicht hatten sie Angst vor dem Hahn. Mag sein, sie sind ein bisschen faul gewesen.

Aber dass der Junge bei Gesundheit ist, bei Verstand und – zugegeben – ein freundliches Gemüt hat, das ist kaum zu begreifen und schwer zu ertragen. Manch einer wünschte, das Kind hätte die ganze Sache dann doch eher nicht überlebt, dann müsste man nicht ständig rätseln und sich schämen.

Es ist mit wenig zufrieden. Man kann dem Jungen den ganzen Tag das Vieh anvertrauen, und mit einer Zwiebel als Lohn gibt er sich zufrieden. Das ist schon praktisch. Wenn es nur nicht so grauslich wäre mit dem Hahn auf dem Buckel. Es ist kein Kind der Liebe. Es ist aus Hunger und Kälte gemacht. Nachts nimmt es den Hahn mit unter die Decke, das wissen sie genau. Und morgens weckt das Kind den Hahn, weil der den Sonnenaufgang verschläft, und dann lacht das Kind, und die Leute unten im Dorf hören das Lachen und schlagen Kreuze vor der Brust, weil das Kind mit dem Leibhaftigen spaßt und sein Lager mit ihm teilt. Aber das Vieh treiben sie dann doch an der Hütte vorbei. Und die Zwiebel haben sie für alle Fälle schon parat.

3

Auf freiem Feld steht die Erle in Flammen und zerfällt zu schwarzem Staub.

Schon der nächste Blitz ist für Martin bestimmt. Ein heller Schmerz schießt durch seinen Rücken und explodiert in seinem Kopf. Für einen Augenblick ist alles angehalten, und Martin fragt sich, ob er vielleicht stirbt. Aber gleich oder Stunden später, er kann es nicht benennen, wacht er wieder auf. Das Gewitter ist vorbei. Am Himmel sieht er noch die Wolken, wie sie Kurs auf einen anderen Ort nehmen, mit diesem hier für heute fertig sind.

Martin versucht aufzustehen. Er muss ein bisschen weinen, weil er noch am Leben ist und erleichtert darüber, aber vielleicht doch gehofft hat, es hinter sich zu haben. Das Leben. Neben ihm harrt der Hahn aus.

Später erreicht er das Nachbardorf. Findet das Haus des Pfarrers. Da hat er keine Stelle mehr am Körper, die trocken wäre. Seine Zähne schlagen aufeinander.

»Der ist so mager«, sagt die Frau des Pfarrers. »Wenn wir den aus der Kleidung haben, ist er nicht mehr da.«

Sie wickelt ihn in eine staubige Decke und setzt ihn vor den Kachelofen, vor dem schon andere Kinder sitzen. Die eigenen der Pfarrersleute. Es waren wohl auch einmal mehr, aber einige sind gestorben. Es gibt gekochte Hafergrütze. Die Frau bereitet die Schalen mit der Grütze vor und stellt sie auf den Kachelofen. Die Kinder schubsen einander und spucken hastig in das Schälchen, in dem sie am meisten vermuten, damit niemand außer ihnen selbst es noch essen mag.

Martin wird bestaunt. Er klappert mit den Zähnen und versucht zu lächeln. So heitere Kinder kennt er nicht. Zu Hause haben die Kleinen immer Angst. Sie laufen geduckt und weichen den Erwachsenen aus, die Ohrfeigen verteilen. Und weil Martin das kennt, auch den scharfen Schmerz, wenn der Lederriemen die Haut auf dem nackten Rücken platzen lässt, hat er schon oft gedacht, dass er ohne Familie besser dran ist. Aber so eine Familie wie die des Pfarrers, die findet Martin doch schön.

Von der Grütze lassen die Kinder nichts übrig, aber es gibt noch Suppe. Die Pfarrersfrau bringt ihm eine Schüssel. Die Suppe ist dünn, der Geruch ihm fremd, aber sie wärmt.

Er genießt das Feuer. Das Tier hat sich in eine Ecke verkrochen und zischt, wenn die Kinder sich ihm nähern.

Martin kann nun den Grund für seinen Besuch angeben. Er schildert die Lage im Dorf, gibt die Bedenken vom Henning, Seidel und Sattler wieder.

»Was für Idioten«, sagt die Pfarrersfrau.

Der Pfarrer blinzelt. »Was denkst denn du dazu, mein Junge?«, fragt er Martin.

Martin ist nicht gewohnt, nach der Meinung gefragt zu werden. Da muss er erst einmal in sich hineinlauschen, ob er eigene Gedanken zu der Frage findet.

»Wenn Gott so ist, wie es alle sagen, dann ist ihm doch egal, ob wir den Schlüssel holen oder eine Tür eintreten.«

»Das ist eine gute Antwort«, sagt der Pfarrer.

»Gehe ich nun zurück und überbringe die Antwort, wird der Henning nicht zufrieden sein.«

»Aber Gott wird zufrieden sein.«

»Aber wie weiß er von mir? Es gibt niemanden, der für mich betet.«

»Gott ist überall, und Er ist unendlich. Und etwas von Seiner Unendlichkeit hat er auch in uns gesenkt. Unendlich viel Dummheit zum Beispiel. Unendlich viel Krieg.«

Martin fühlt sich nicht unendlich.

»Seine Unendlichkeit können wir kaum bei uns behalten. Deswegen dringt sie dauernd nach außen, und daran erkennt Gott uns dann. An unserer Spur. Verstehst du?«

»Nein«, sagt Martin.

»Na, du …« Der Pfarrer kratzt sich am Kopf und reißt sich ein paar Haare aus. »Da zum Beispiel«, sagt er und hält die Haare hoch. »Davon haben wir zeitlebens den ganzen Kopf voll und dauernd kommt was nach. Oder hier.« Er schabt mit den Fingernägeln über den Unterarm, bis es Hautschuppen rieselt. »Haut«, sagt er verschwörerisch. »Dauernd verlieren wir Haut. Und pissen müssen wir. Und bluten. Und nie ist damit Schluss, bis wir tot sind. Beim Allmächtigen. Aber vorher folgt Er uns auf unserer Spur und findet jeden Sünder, ganz gleich, wie gut er sich auch verstecken mag.«

Der Pfarrer kommt ganz nah und pflückt Martin mit zittrigen Fingern eine Wimper von der Wange.

Martin schaut auf die Wimper. Die sieht doch aus wie jede andere auch, denkt er sich und sagt es auch gleich.

»Aber die Wimper weiß ja, dass sie von dir ist. Und das erzählt sie dann Gott.«

4

Nun hat der Pfarrer dem Jungen zwar gute Worte mitgegeben, aber keine Antwort, die sich dem Henning, dem Sattler und dem Seidel geben ließe. Sie werden unzufrieden sein und es natürlich an Martin auslassen. Außerdem hat der Junge das sichere Gefühl, etwas übersehen zu haben. Während er sich nun heimwärts müht und die nassgesogenen Wiesen seine Füße bei jedem Schritt halten wollen und dann nur schmatzend freigeben, arbeitet sein Geist in einer Höhe, die den Leib unempfindlich gegen die Kälte macht. Und als er das Dorf schließlich erreicht, weiß er sowohl, wo der Schlüssel ist, als auch, was den dreien antworten.

Wie tags zuvor verbreiten die drei vor der Kirche eine dem Ernst der Lage angemessene Unruhe. Und obgleich ja nun das Kind tapfer war, dem Unwetter getrotzt und den Weg auf sich genommen hat, schaffen es die Männer, sich derart aufzuführen, als sei Martin ihnen etwas schuldig und als müssten sie ihm umgekehrt nicht eigentlich dankbar sein.

»Schau an, da ist er ja«, sagt der Henning.

Der Maler sitzt wieder oder immer noch am Brunnenrand und isst gekochte Eier, die ohne Schnaps nicht gut rutschen. Wie gut, dass ihm die Franzi welchen gebracht hat. Die Franzi, die vor Freude die Fäuste in der Schürze ballt, als sie den Jungen sieht. Der Martin, den sie liebt, wie etwas, das nur sie versteht und das deshalb nur ihr gehört.

Der Henning hat sich vor Martin aufgebaut. Die beiden anderen ziehen gleichauf.

»Ei, was sind wir gespannt«, sagt der Seidel, und der Sattler haut dem Kind so urplötzlich ins Gesicht, es geht wie gefällt zu Boden.

Der Henning schimpft den Sattler an: »Bist du blöd. Ich hab doch noch gar nicht gefragt.«

Der Sattler zuckt entschuldigend mit den Achseln, Martin kommt wieder auf die Beine. Hat nun endgültig entschieden, nicht zu verraten, dass er weiß, wo der Schlüssel ist, und auch zu verschweigen, wie vom Pfarrer lediglich verwirrende Antworten kamen.

»Nun?«, fragt der Henning.

»Ja«, sagt Martin und leckt sich einen Tropfen Blut von der Lippe. »Ihr müsst eine zweite Tür bauen«, sagt er dann.

Die drei Männer werfen Blicke hin und her. Beruhigend, dass keiner von ihnen das versteht.

»In das Tor«, sagt Martin. »In das Holztor der Kirche. Dorthinein baut ihr eine zweite Tür und die soll gottgefällig bescheiden sein. Hat der Pfarrer gesagt. Genau so.«

Alles schaut zum Kirchentor. Zurück zu Martin. Sprachlos. Dann wieder zum Tor.

»Eine gottgefällig bescheidene Tür«, wiederholt Martin fest und nickt dazu. Der Maler sitzt am Brunnenrand und hört alles. Was sind die Menschen dumm, denkt er sich. Wie ist er froh, hierhergeraten zu sein.

Die drei Männer beraten sich, aber es hilft ja nichts, schließlich hat es der Pfarrer gesagt, und die Männer müssen sich fügen. Schon zieht der Sattler los, um Werkzeug zu holen, ist auch bald mit Hammer und Säge zurück. Man tut sich recht schwer, die kleine Tür auf der großen einzuzeichnen. Jedenfalls benötigt man noch den Bohrer.

Martin setzt sich zum Maler an den Brunnenrand. Der gibt ihm eine Handvoll Nüsse ab. Martin isst sie dankbar, obwohl ihm davon das Zahnfleisch juckt und der Rachen bis hinauf in die Ohren. Franzi bringt noch einen Krug mit Saft. Nun sitzen sie beisammen, während sich die Männer ans Werk machen. Nicht sehr geschickt. Und der Martin, die

Franzi und der Maler erleben einen köstlichen Moment andächtiger Beschaulichkeit, indem sie selbst einmal nichts tun müssen und stattdessen beiwohnen dürfen, wie andere einen unglaublichen Blödsinn veranstalten.

Die Tür, man darf es sagen, ist später kein handwerkliches Meisterstück, aber der Henning, der Seidel und der Sattler verfügen ohnehin nur über mäßiges Talent. In der Hauptsache besteht ihre Gabe wohl in der Einschüchterung anderer. Aber das ist ja ein probates Mittel. Nachdem sie also ein Rechteck in das Holztor gesägt und es ohne viel Verstand in den Kirchenraum haben fallen lassen, verwehren sie einander den Durchgang, denn genau genommen, und sie wissen es aus Erfahrung, nimmt es der Herrgott eben genau. Was wiederum überhaupt nicht stimmt. Das wissen sie ebenso. Sie haben wohl eher Muffensausen, das schiefgesägte Rechteck zu durchschreiten. Ihnen werden die Ohren ganz warm bei dem Verdacht, der Junge könne sich bei der Überbringung der Pfarrersnachricht vielleicht geirrt haben und sie hätten fälschlicherweise gleich losgelegt, anstatt nachzufragen. Mit ein paar zusätzlichen Ohrfeigen wäre Martins Nachricht vielleicht doch anders ausgefallen. Bequemer irgendwie.

Jetzt besorgen sie Scharnier und Schloss, und da

dergleichen nicht vorrätig ist im Dorf, bauen sie die Haustür vom Hansen, nein, bloß nicht vom Hansen, der läuft doch immerzu fort, ach so, na dann bauen sie eben die Tür von der alten Gerti aus. Die schimpft zwar ordentlich, hat aber ein Einsehen, als man ihr versichert, ihre Scharniere hätten nie eine würdevollere Arbeit verrichten dürfen, als nun Teil einer Kirchentür zu sein. Das übertrage sich natürlich auch auf sie, die Gerti. Sie wird das neue Türchen benutzen dürfen, wann immer sie mag, denn eigentlich bräuchte sie doch gar kein Häuschen, wo doch der Herrgott ihr Zuhause ist.

Der Maler ist minütlich immer glücklicher, hier zu sein. So was Tolles hat er in den Jahren seiner Wanderschaft noch nicht erlebt. Und zwei so schöne Gesichter und aufrechte Seelen wie die von Franzi und Martin sind ihm noch nie begegnet.

Als dann das Loch im Kirchentor endlich eine Tür geworden ist und mit viel Gefummel auch Schlüssel und Schloss passgenau sitzen, sind der Henning, der Seidel und der Sattler stolz wie kleine Kinder. Hätten sie bloß alle Tage eine solche Verrichtung, das Leben im Dorf könnte angenehm werden.

Die gottgefällig bescheidene Tür wird auf- und zugemacht, und natürlich entsteht ein Gerangel, wer von ihnen zuerst hinein und wieder hinaus darf, aber es obsiegt der kurze Anflug von Güte bei Henning, der ganz entschieden den Sattler als Ersten in den Kirchenraum treten lässt. Das aber wird der Seidel den beiden niemals verzeihen. Mag er in Zukunft noch so einträchtig mit ihnen beieinanderhocken, im Stillen nagt die Rachsucht an ihm, und er wird Pläne schmieden, die beiden zu beseitigen. Vergiftungen, Unfälle – also geplante –, des Weiteren Abstürze am Berg, Seidels Einfallsreichtum ist grenzenlos. Da könnte der Seidel eigentlich eine schöne Karriere als Autor spannender Kriminalgeschichten beginnen, so viele Einfälle hat er, aber leider phantasiert der Seidel seiner Zeit weit voraus und kann ja selbst weder schreiben noch lesen.

Nun wird der Maler endlich in die Kirche gebeten.

»Magst mitkommen?«, fragt der das Kind. Martin krault den Hahn zwischen den Federn. Könnte der schnurren, er täte es wohl.

Aber Martin kommt nicht mit, er soll ja auch gar nicht, denn die Kirchenbegehung liegt in Hennings Hand. Und der Junge gehört nun mal zu den Verfluchten des Dorfes und hat nichts im Gotteshaus zu schaffen.

Davon abgesehen ist Martin doch recht müde und weiß, dass er den Maler nun häufiger sehen wird, und freut sich darauf. Martin lächelt, als dem Henning und dem Maler der zerzauste Hansen aus dem Kirchendunkel entgegentaumelt.

Ja, denkt Martin bei sich, das war eine schöne Idee mit der Tür. Und irgendwie ja auch Notwehr.

5

Als die Godel kommt, ist Martin sofort bereit. Was er trägt, hat er schon zur Nacht getragen. Er nimmt den Hahn und setzt ihn sich auf die Schulter.

»Muss der mit«, sagt die Godel.

»Er kommt mit«, sagt der Junge.

»Du trägst die Kartoffeln zum Markt.«

»Mach ich.«

»Ohne den da hättest du es leichter.«

Martin lächelt.

»Einen Buckel kriegst du noch davon«, sagt die Godel. Das Gespräch führen sie immer an Markttagen, und der Junge ist nicht davon abzubringen, das Tier mitzunehmen.

Gut zwei Stunden gehen die Godel, die Tochter und der Junge. Die Bäume sind erfroren. Die Landschaft sieht aus wie tot.

Obwohl die Godel unterwegs kein Wort mit ihm wechselt und es auch der Tochter verbietet, ist Martin gut gelaunt. Er mag die Tochter.

Er geht in einem Abstand von rund zehn Schritten hinter der Godel. Trägt den Hahn und den Sack mit den Kartoffeln. Seine Holzschuhe klappern über den harten Boden. Die Knöchel ragen ihm aus der Hose. Die Hände aus den Ärmeln. Sein Atem dampft. Der Hahn krallt sich in seine Schulter. Die Godel hält die Tochter an der Hand. Rechts führt sie eine Ziege, einen Säugling trägt sie im Tuch bei der Brust. Der Rock der Godel hat einen Dreckrand, der über den Lehmboden schabt. Und Martin hört sich in dieses schabende Geräusch hinein, bis es den ganzen Raum in seinem Kopf ausfüllt.

Da merkt er einen Luftzug, aber erst als ihn etwas am Kopf trifft, ist plötzlich alles da: die donnernden Hufe eines Pferdes, das Schnauben, der Mantel des Reiters, der ihm an die Wange schlägt.

In seinen Träumen spürt er noch immer diesen Luftzug. Von nun an bis ans Ende wird die Tat ihn verfolgen.

In der einen Sekunde galoppiert der Reiter an Martin vorbei, in der nächsten ist er mit der Godel gleichauf, senkt die Hand zum Mädchen, hebt es hoch, als wäre es nichts, und stopft es sich unter den Mantel, dieses Stück Finsternis im milchigen Frost. Irgendwo in dieser Finsternis ist nun das Kind, dem nicht ein Schrei entronnen ist. Zu schnell ist alles gegangen. Die Hand der Mutter hängt noch in der Luft und spürt die Wärme der Tochter. Und schon ist diese fort.

Der Reiter hat sie gepflückt wie einen Apfel, ist im nächsten Augenblick auf dem Hügelkamm und lässt den Rappen steigen.

Der Godel entringt sich ein Schrei. Sie rennt los. Das Baby baumelt wimmernd vor ihrer Brust. Martin rennt hinterher, holt sie ein, überholt sie und jagt dem Reiter nach.

Der Reiter. Sein ganzes Leben kennt Martin die Geschichte vom Reiter im schwarzen Mantel, der Kinder holt. Immer ein Mädchen und einen Buben. Und niemals tauchen sie wieder auf. Und nun begegnet er ihm und läuft hinter ihm her.

Der Reiter wiederum schaut zurück und erblickt den Jungen, dem ein Federvieh um den Kopf tanzt wie ein verrückt gewordener Schatten. Da schaudert es den Reiter. Von dem Teufel in Hahnengestalt hat er nämlich schon gehört. Dass der hier oben lebt. Er schlägt ein Kreuz und denkt, ich habe dem Teufel ein Kind abgejagt. Allmächtiger. Er stemmt die Fersen in den Pferdeleib. Das Pferd hämmert die Hufe durch die Luft. Im nächsten Augenblick prescht der Reiter davon, die andere Seite des Hügels hinab.

Martin keucht. Die Luft schmeckt nach Blut. Er geht in die Knie. Er weiß, das Mädchen ist verloren.

Die Godel erreicht ihn.

Tränen rinnen ihr über das Gesicht. Martin schluchzt, als er sie weinen sieht. Da beginnt der Hahn auf seiner Schulter zu krähen, dass es einem durch Mark und Bein geht. Eine hohe Klage in die Welt.

Und erst dann wird es still auf dem Weg.

6

Die Rückkehr ins Dorf dauert endlos, denn die Godel in ihrem mütterlichen Schmerz wankt zwischen Aufgeben und am Wegesrand unweigerlich Erfrieren und dem sich Zusammenreißen, weil der Säugling sie braucht und auch die drei anderen Kinder, die zu Hause warten. Martin stützt die Godel und ist Hilfe, so gut er kann. Aber als das Dorf in Sichtweite rückt, bricht die Godel endgültig zusammen, denn jetzt ahnt sie den Alltag, der ihr bevorsteht, wenn die erste große Trauer vorüber ist und sie zu ewigem Schmerz verdammt sein wird. Wie ihr das Mädchen dann fehlt. Der blonde Zopf morgens auf dem Kissen. Das ernste Gesicht bei der Küchenarbeit. Aber sie wird das Mädchen nur noch im Augenwinkel ahnen. Wie einen sanften Gast aus einer anderen Welt. Sie wird in ihrem Tagwerk innehalten und hoffen, der Engel möge bleiben, und wird kaum zu atmen wagen. Und doch wird die Gestalt vergehen. Und jedes Mal wird das Herz der Godel schwächer werden, und der Schmerz wird sie bis ans eigene Totenbett begleiten mit der quälenden Frage im Bunde, was mit dem Kind geschah.

So sinkt die Godel endgültig zusammen. Das Weh hat sich bereits so in ihr Gesicht gegraben, sie sieht um Jahre älter aus. Die Tränen rinnen unaufhörlich, und Milch tropft ihr aus dem Kleid. Jetzt will sie ohne Bewusstsein hier liegen. Und Martin bekommt sie nicht mehr wach, lehnt sie schließlich mit dem Säugling an einen Baumstamm. Hastet den restlichen Weg hinan, um Hilfe zu holen. Der Junge erreicht das Dorf und schreit, mit der Restluft, die ihm nach der Eile gerade noch in der Lunge steckt.

Aber weil die Dörfler voller Vorbehalte gegen Martin sind, dauert es unerträglich, bis sie den Ernst der Lage begreifen, die Reitergeschichte, das Unglück, und mit fliegenden Jacken den Hang hinuntereilen, um der Godel zur Hilfe zu kommen. Was für ein Wehklagen dann losbricht. Man schleppt die Godel fort. Ihr letzter Blick gilt Martin, und der kann darin lesen. Nie wieder wird er mit der Godel auf den Markt gehen. Sie wird ihn meiden von jetzt an. Denn vielleicht ist er ja doch schuld. Vielleicht hat ja doch der schwarze Teufel das Unheil angelockt.

Erschöpft bleibt Martin am Brunnen zurück und

braucht sehr lange, bis er den Weg zu seinem Zuhause antritt. Die Hütte am Waldrand, bei der die Tür eingetreten wurde. Wo es doch nichts zu stehlen gibt. Nur einen Krug. Die Decken und die Schütte Stroh als Schlafstatt.

Der Hahn findet zwischen den Bodenbrettern noch Körner und Krümel. Wann wurde hier das letzte Mal gebacken und gekocht. Lange her. Martin macht Feuer, weil ein Feuer in dieser Zeit sein muss, und nicht etwa, weil er es bräuchte. Er hält die blaugefrorenen Hände an die Glut, nicht, weil er sich danach sehnt, sondern um sich zu erhalten.

Er weiß auch, dass sein Geist besser arbeitet, wenn er den Körper halbwegs versorgt hat. Er trinkt ein bisschen und klaubt den Apfel hervor, den er neulich gefunden und als eiserne Ration aufbewahrt hat. Er teilt mit dem Hahn. Der kriegt die Würmer.

Martin kaut langsam und starrt in die Flammen. Er streichelt den Hahn und ist auch noch wach, als die Sterne längst aufgegangen sind. Ein Flüstern greift nach seinem Inneren, das kommt aus dem Hahn und aus seinem eigenen Herzen und formt einen Entschluss, dessen Schwere ihm niemand abnehmen wird. Den Reiter, jetzt gilt es, er muss den Reiter finden. Er wird die verschwundenen Kinder suchen gehen. Er kleidet sein Inneres mit diesem

Wissen aus. Er weiß nun, sein Leben hat eine Richtung.

Im Sitzen schläft er dann ein und wacht erst auf, als im Morgengrauen ein grässliches Geschepper und Gepolter die Welt aus ihrer Nachtruhe weckt und vom unteren Waldrand über das offene, hartgefrorene Feld ein Wagen heranholpert, gezogen von einem Esel, auf dessen Kutschbock ein blondes Kind hockt und zwei blecherne Scheiben gegeneinanderschlägt, dass es kracht.

7

Über Nacht wird es Frühling. Weil das Wetter hier oben tut, was es will, geht es immer schnell, und kaum einer, auch der älteste Dorfbewohner nicht, weiß genau, was als Nächstes kommt. Es bleibt bei der Ahnung, es könnte besser werden. Fast immer siegt die Gewissheit, dass es schlimmer kommt. Harte Winter stürzen in Gewitter. Schnee mischt sich mit Regen. Aus Rinnsalen werden Ströme. Wiesen versinken und alles wird Schlamm.

Es ist, als hätten die Schausteller das Wetter mitgebracht. Martin hat noch nie Schausteller gesehen. Auf dem Hof vor der Kirche haben sie den Wagen aufgebockt und den Esel angebunden. Es gibt eine Ankündigung. Ein Mann, zwei Frauen und der blonde Junge. Der Mann hat Wunden und Verbände, hat der wohl den Krieg erlebt. Sie alle sehen zerschlagen aus, als wären sie bereits durch Unheil und Blut geritten und hätten dem Tod eine Aufführung geben müssen. Nur das Kind nicht. Das Kind wirkt gesund und rund.

Sie werden etwas spielen, aber Martin versteht nicht genau, was. Vielleicht stellen sie Maria und Josef dar, die Heiligen Drei Könige oder eine österliche Szene. Martin ist lange nicht mehr beim Gottesdienst gewesen. Feiertage sind ihm kein Begriff.

Am Abend sammeln sich die Dörfler vor dem Kirchentor, wo der Karren nun als Bühne dient. Der Regen rinnt Schauspielern und Zuschauern über die Gesichter. Erst werden schwerfällige Texte gesprochen, dann tritt der Bube vor. Klein und kräftig, blondgelockt und mürrisch. Unter seiner Nase bläht sich eine Rotzglocke. Aber das ist vergessen, kaum dass er zu singen beginnt, denn seine Stimme rieselt Martin den Rücken hinab und lässt ihn schwindlig werden. So schön ist sie. Das Kind singt, als laufe es auf Sonnenstrahlen in den Himmel.

Aber singt das Kind nicht mehr und steht nicht auf seiner kleinen Bühne, ist es garstig und tritt nach anderen Kindern, Hunden und Katzen. Es raucht und trinkt warmen Schnaps. Wahrscheinlich ist es jünger als Martin.

Es hat eine bösartige Energie, die Martin ganz fremd ist und ihn interessiert. Ständig heckt es irgendwelche Streiche aus.

Das muss am Essen liegen, denkt Martin.

Man kann doch nur auf solche Ideen kommen,

wenn man übermäßig viel Kraft in den Knochen hat. Und wer hat das hier schon? Hier ist jeder froh, wenn der Tag vorbei ist. Niemand hat eine solche Kraft wie das Kind. Die Kleinen spielen keine Streiche. Martin staunt das Kind an. Es ist so schrecklich lebendig.

Martin fragt sich, ob andere Menschen anderswo auch so sind und ob er eines Tages sehen wird, wo Leben ist, denn hier im Dorf, scheint ihm, ist alles nur Tod.

Das Dorf ist klein, und Martin trifft das Kind nun überall, als würde es auf ihn warten, als müssten sie einander begegnen und folgten damit einem uralten Gesetz.

Am Brunnen wirft der Schaustellerbub giftige Beeren ins Wasser, schießt mit einer Zwille auf den Hahn und trifft ihn am Hals. Das Tier kippt von Martins Schulter, das Kind lacht.

Die Wege sind so schlammig, dass man die Schuhe darin verliert, das Gleichgewicht auch und der Mut einem sinkt.

Morgens hat einer seinen Ochsen nicht mehr aus dem Schlamm gekriegt. Bis zu den Schulterknochen steckt das Vieh noch immer fest. Ab und zu kommt eins der Kinder vorbei und füttert den Ochsen.

Martin steigt der Schlamm lediglich bis zu den

Knöcheln, denn er wiegt ja nicht viel. Seit Tagen hat er keinen trockenen Fetzen mehr am Leib. Der Hahn ist krank, und Martin trägt ihn unter seinem Hemd.

Da erblickt er mal wieder das Kind. Es hockt auf einer Mauer und starrt missmutig in den Schlamm. Es sieht Martin und befiehlt sofort: »Du! Komm her!« Martin möchte eigentlich nicht, tritt aber näher.

»Trag mich!«, fordert das Kind.

»Wieso?«, fragt Martin.

»Ich will keine nassen Füße«, sagt es.

Martin findet es erstaunlich, dass man überhaupt eine Wahl hat, nasse Füße zu kriegen oder nicht. Auf die Idee, dass auch er die Möglichkeit hat, das Kind abzuweisen, kommt Martin nicht. So dreht er dem Jungen den Rücken zu, um ihn zu tragen. Der Knabe springt ihm ins Genick und klammert sich an ihm fest. Martin taumelt, denn das Kind ist viel schwerer, als es aussieht, oder Martin schwächer, als er von sich angenommen hat. Mit eisernem Griff krallt sich der Knabe fest. Martin stöhnt. Hat er den Teufel geschultert? Wo doch alle glauben, der Hahn wäre der Leibhaftige, und eben nur, weil er so ausschaut. Und das Kind nur ein Engel, weil es einem solchen zu gleichen scheint und wie ein solcher singt.

Nicht zum ersten Mal fragt sich Martin, woher die Leute immerzu wissen, wie Engel ausschauen oder sich anhören. Und hat das einmal den Maler gefragt.

»Junge«, sagt der Maler. »Für solche Fragen kannst du auf dem Scheiterhaufen landen.«

»Aber wenn doch Engel Lichtgestalten sind, Geschöpfe Gottes und nur Liebe?«, fragt Martin, denn dem Maler darf man solche Fragen stellen. Er ist überhaupt der Einzige, mit dem er reden kann.

»Ein Abbild der Liebe. Hast du denn kein Abbild der Liebe?«

Martin versteht nicht.

»Mutter?«, fragt der Maler. Der Junge zeigt keine Reaktion.

»Geschwister?«

Aber die Erinnerung an die Geschwister hat er tief in sich verschlossen, damit er nicht auch an das Beil denken muss, das der Vater in die Kleinen getrieben hat.

Der Maler kaut auf einem Stück Brot, während Martin in sich nach einem Engel sucht.

»Die Franzi«, sagt er schließlich leise.

Der Maler schmunzelt und zeichnet Martins feierliche Gesichtszüge mit wenigen Strichen auf ein altes Stück Leinwand. Und wird dieses Stück noch lange bei sich tragen. Auch dann noch, als er längst nicht mehr mit Martin zieht. Auch dann schaut er sich das Stück an und denkt, dass es seine beste Zeichnung ist und nie wieder ein Kind so rein und unversehrt vom Menschsein vor ihm gestanden hat. Und er trägt es in den Taschen seiner löchrigen Hosen, bis ihn die Pest dahinrafft und er zusammen mit anderen zerfällt. Auch das Stück Stoff zerfällt, ein paar Maden saugen die Fäden auf und verwandeln sich anschließend in eine Schmetterlingsart, die niemand jemals zuvor gesehen hat und die es danach nie wieder geben wird. Und während in der Gemäldegalerie einmal ein Bild des Malers ausgestellt sein wird, ein Bild, das den Jungen mit seinem Hahn zeigt, befindet sich nur wenige Meter weiter im historischen Museum an einer Schmetterlingswand aufgespießt, neben ebenso toten Artgenossen, ein ebensolcher Schmetterling, der Kunst gekostet hat, von Kunst genährt wurde und der von dem Jungen weiß.

»Ja«, sagt der Maler, all dies nicht ahnend, sonst müsste man ja sogleich aufgeben. »Die Franzi ist ne Hübsche. Jetzt sehen all deine Engel wie die Franzi aus.«

Die Antwort genügt Martin nicht. Er findet es aber gut, dass der Maler auf dem Altarbild der Mutter Maria Franzis Gesichtszüge gibt. Eine kräftige Kinnpartie, Stupsnase und volle Lippen. Martin merkt, das passt eigentlich nicht. Aber der Maler lacht und sagt, dieses Dorf habe nichts anderes verdient als ein Altarbild, über das sie sich bis ans Ende aller Tage ärgern.

»Warum?«, fragt Martin.

»Wegen dir«, sagt der Maler. Seine eigenen Engel tragen längst Martins Gesichtszüge.

Grimmig drückt er Farben auf die Palette und füllt die dunklen Stellen des Altarbildes rasch mit ein paar gackernden Dämonen, Häschern und selbstzufriedenen Gaffern.

Martin denkt daran, während er den Schaustellerbub auf dem Rücken schleppt. Die Fersen bohrt der ihm in die Rippen, dass es knirscht. Der Hahn windet sich unter Martins Hemd.

Martin steckt jetzt fast bis zu den Knien im Schlamm. Das Kind ist bleischwer. Es reißt an Martins Haaren und wirft sich auf dessen Rücken hin und her. Es johlt dabei, singt und spuckt. Martin ächzt.

Der Weg ist längst kein Weg mehr, sondern nur noch Sumpf. Jäh sackt er in ein Loch, kippt um, vor Schreck lässt das wahnsinnige Kind los und klatscht in den Schlamm, der ihm sogleich das Maul stopft und den Buben anschließend verschluckt. Fort.

Ungläubig hockt Martin im Schlamm und starrt auf die Stelle, an der das Kind verschwunden ist. Er könnte jetzt einfach weggehen und niemand würde fragen. Und würde jemand fragen, würde niemand ihm glauben.

Aber Martin fängt an zu suchen. Er wühlt sich tief in die feuchte Erde, kriegt etwas zu fassen. Das muss der Kopf des Kindes sein, er zieht energisch, aber da gibt etwas nach, und der Kopf schnellt ihm entgegen.

Mein Gott, durchschießt es Martin, den Kopf habe ich ihm abgerissen. Aber nein, jetzt sieht er, einen Totenschädel hält er in der Hand. Ein Kopf ohne Fleisch, schlammgefüllte Augenhöhlen, vorstehende Zähne.

Dich kenne ich, denkt Martin. Er blinzelt, besinnt sich und taucht die Hände erneut auf der Suche nach dem Gör in den Schlamm. Kriegt es diesmal zu packen, zieht es empor, kommt mit ihm rücklings zum Liegen, schaufelt ihm den Matsch aus dem Mund und quetscht ihn aus den Nasenlöchern. Und ja, da ist es wieder, ansatzlos, das hässliche Geplärr des Kindes, aber Martin interessiert sich jetzt nicht mehr für den kleinen Dämon. Er lässt ihn sitzen, nimmt den Totenschädel und geht, auf eine merkwürdige Weise frohlockend, während das Kind schreit. Es fühlt sich an, als halte er etwas wie ein Stück Zukunft in den Händen. Wenn er auch nicht ahnen kann, warum und wie.

8

Mit dem Schädel in der Hand betritt Martin das Wirtshaus. Der Henning, der Seidel und der Sattler erschrecken zwar nicht beim Anblick des Totenkopfes, finden den Moment aber insgesamt unbequem. Unwillig hören sie Martin an.

Schließlich gießt der Seidel Wasser über den Schädel und wischt daran herum. Die Zähne schauen aus wie die Hauer eines Wildschweins. Seidel leuchtet mit seiner Laterne in die leeren Augenhöhlen hinein.

»Wen suchst du denn da drin?«, fragt Henning. »Etwa deine Alte?«

Wo doch jeder weiß, dass dem Seidel die Frau davongelaufen ist. Verrückt ist die geworden von der ganzen Arbeit und den Schlägen der Schwiegermutter. Jedenfalls einfach weggelaufen. Mitten am Tag. Arme hochgerissen und quer über das Feld davongaloppiert. Und hat nicht aufgehört zu rennen. Niemand konnte sie einholen. Ewig hat man sie noch rennen sehen, bis an den Horizont.

Der Seidel hört Anspielungen auf seine Ehe nicht gern. Er droht mit Schnapsentzug, da sind die Witze schnell zu Ende.

Ein bisschen unheimlich wird den Männern nun doch. Ob man den Schädel begraben soll und überhaupt darf. Ist das nicht gegen die Christenehre, den Kopf ohne Körper zu beerdigen? Was denn da überhaupt wichtiger wäre. Der Kopf oder der Körper? Martin kann es nicht fassen, dass die Männer sich darüber ausreden wollen. Überhaupt scheinen sie ihm in der Hauptsache zu reden, und sein Blick schweift zu jenem Tresenstück, an dem die Franzi sonst steht und Becher auswischt und sich den lieben langen Tag die Erzählungen der Alten anhören muss, die aus ihren Hemdkragen stinken und aus ihren Hosen.

Franzi, deren Verstand klarer ist als das Quellwasser im Frühling, denkt Martin. Aber dazu verdammt, in der Gesellschaft alter Männer zu versauern, die Stunde um Stunde aus ihrem Leben erzählen, ohne dass die Franzi die Chance hätte, ihr eigenes überhaupt einmal kennenzulernen. Lang kann es nicht mehr dauern, bis all die Hoffnung in ihr vergoren und überdeckt ist von dem dummen Gequatsche. Wo die Männer doch wissen, es ist nicht mehr weit, dann sind sie hinfällig, und es bleibt ihnen nur, sich am Dachfirst zu erhängen, um die Familie nicht zu belasten. Und wenn sie das nicht schaffen, weil ihnen der Mut fehlt, werden sie bis ans Ende in ihren eigenen Exkrementen liegen. Festgebunden am Bett, weil man doch aufs Feld muss und in die Mühle, und so waren sie ja dereinst bereits als Kinder festgebunden, als die Eltern aufs Feld gemusst hatten oder in die Mühle.

Der Henning, der Seidel und der Sattler reden noch immer, ob sie den Schädel beerdigen sollen oder nicht, wo man doch nicht einmal weiß, wessen Schädel das denn ist.

»Aber natürlich wissen wir das«, sagt Martin.

Die Männer runzeln die Stirnen. Sind ja alle neugierig, was der Junge jetzt wieder zu wissen glaubt. Mag nur keiner zugeben.

»Die Zähne«, sagt Martin. »Sind das nicht die Zähne vom alten Wander-Uhle?« Die werden ja wohl nicht in einen anderen Schädel gewandert sein, denkt er sich, hat aber längst gemerkt, wenn er witzig wird, setzt es schnell Ohrfeigen.

Die Männer sind verdutzt. Der Junge hat recht. Das Gebiss ist das vom Wander-Uhle. Furchteinflößende Hauer.

Kam immer mal auf seiner ewigen Wanderschaft am Dorf vorbei. Hat ihm nie einer was getan. Hat sich auch keiner getraut, weil der Wander-Uhle ständig was zerbissen hat, um sich Respekt zu verschaffen: einen Ast, einen Krug. So was eben. Sogar die Wölfe haben einen Bogen um ihn gemacht.

Jetzt schauen alle wieder den Schädel an, als könne er antworten, und finden nun auch Ähnlichkeiten mit dem lebenden Wander-Uhle. Der Schädel ist an einer Seite geborsten, und einer mutmaßt, der Wander-Uhle müsse gestürzt sein. Alle haben schon gesehen, wie jemand auf den Kopf kracht, wie dann das Blut schießt und auch anderes. Mancher ist nach einem solchen Schlag nicht mehr derselbe.

Wie der Hansen, der nach einem Sturz vom Heuboden nur noch verschwommen redet, dafür aber ungeheuer viel. Kann sich nichts mehr merken, beherrscht aber ganz plötzlich das Orgelspiel. Als wären bei dem Sturz Fähigkeiten aus ihm herausgeschossen und dafür andere hinein. Aber da hat er nichts von, vom Orgelspielvermögen, denn Organist darf er nicht werden. Seine spontane Begabung könnte ja auch Teufelswerk sein. Es gilt also, ihn fern vom Kirchenraum zu halten. Was nicht immer einfach ist. Oft schlägt der Hansen sich die Stirn an der Kirchentür vor Verzweiflung blutig, bis es die Leute nicht mehr aushalten und ihn doch an die Orgel lassen, vor der er blutend und sabbernd, aber insgesamt doch glücklich Platz nimmt. Er spielt mit Inbrunst, und man möchte weinen, so berauschend schrauben sich seine Lieder aus der krummen Orgel heraus. Er spielt und spielt und hört allerdings auch nicht mehr auf, so dass sich nach der anfänglichen Ergriffenheit und Begeisterung dann doch eine gewisse Gereiztheit bei den Dörflern einstellt.

Nicht bei Martin, der hat das Orgelspiel gern. Jedoch mögen die anderen sich lieber wieder selbst reden hören.

Weshalb es am zweiten Tag durchgängigen Spiels keiner mehr aushält, irgendjemand sich erbarmt und den Hansen hinterrücks an der Orgel bewusstlos haut. Was seinem ohnehin mitgenommenen Schädel nicht gut bekommt. Und was wiederum bedeutet, dass der Hansen noch wilder auf die Orgel ist und noch mehr Ausdauer an den Tag legt. Ein Teufelskreis, man hat es ja gewusst.

Martin besieht sich den gefundenen Wander-Uhle-Schädel und sagt: »Der ist nicht hingefallen.«

Die Männer blicken den Jungen an.

»Das muss untersucht werden«, sagt Martin.

Die Männer tauschen einen Blick. »Was willste denn untersuchen? Der ist doch eindeutig tot.«

»Woran er gestorben ist«, sagt Martin.

»Na, eben hingefallen«, wiederholt der Seidel.

Martin schüttelt den Kopf. »Da ist ein Loch. Hier an der Seite«, sagt er und zeigt auf die Stelle.

Von dem Loch strahlen zackenförmige Linien aus. Wie wenn man in eine zugefrorene Eisfläche ein Loch hackt und das Eis ringsum auch bersten möchte.

Schmerzhaft muss der Schlag gewesen sein. Teile des Schädelknochens sind nicht mehr da.

»Woher willst du das eigentlich wissen?«, fragt einer. »Gibt doch keinen Unterschied, ob da jemand draufgehauen hat oder der Uhle hingefallen ist.«

Findet Martin aber schon. »Ganz bestimmt gibt es den.«

Die Männer stellen bohrende Fragen, und darauf antwortet Martin lieber nicht mehr. Denn er weiß es nicht. Wie soll er erklären, dass sich unterschiedliche Gewalten ganz bestimmt unterschiedlich auf den Schädel auswirken? Er muss es beweisen, damit ihm jemand glaubt. Er muss es beweisen, damit er es bewiesen hat.

Das ist der ihn erobernde Gedanke. Er braucht zwei einander möglichst ähnliche Schädel.

Grußlos dreht er um und geht.

9

Der Himmel ist so hell und kalt wie ein Leinentuch.

Martin geht, bis sich ihm der Wald unter die Füße schiebt. Er hebt erst den Blick, als er sich inmitten der Tannen weiß. Ihm ist nun eingefallen, wo er zwei Schädel finden wird.

Da ist diese Stelle. Jeder hat davon gehört, man meidet sie gleichwohl. Ein Tierfriedhof. Das Dorf hat bereits zahllose Tiere verloren, die wie magisch fortgelockt von der Herde ohne Umschweife den Friedhof angesteuert haben. Eine Schlucht. Rund sieben Meter tief. Die stürzen sie sich hinab, als fehlte ihnen jegliches Gespür für die Gefahr. Oder suchten diese gar. Wer kann schon sagen, ob diese Schafe, Ziegen, Rinder nicht ganz zufrieden starben. Jedenfalls gibt es diese Erzählungen. Martin kennt aber keinen, der dort gewesen wäre. Weiß auch nicht genau, in welche Richtung er seine Schritte setzen soll, wähnt sich aber dennoch auf dem richtigen Weg und glaubt die Schlucht nah. Im

Wald sind alle Geräusche erloschen. Man muss seine eigenen mitbringen.

Der Hahn ist unruhig. Er zappelt unter Martins Hemd. Der holt ihn hervor und setzt sich das Tier auf die Schulter. Aber auch hier verhält sich das Tier nervös.

»Was hast du?«, fragt Martin. Der Hahn sträubt das Gefieder.

Martin versteht. »Es muss aber sein«, sagt er und geht weiter, zwängt sich zwischen die Sträucher, hält den Blick gesenkt und sieht die Schneedecke durchstoßen von Tierspuren. Die verlaufen aber nicht kreuz und quer, wie Martin es sonst kennt, sondern wie ein Strang in eine Richtung, und der Junge folgt.

Schließlich tritt er an den Rand der Schlucht. Wagt es zuerst nicht, schaut dann doch, reckt den Kopf über den Abgrund. Der Anblick ist weniger furchteinflößend als gedacht. Schnee und altes Blattwerk, dazwischen Tierknochen.

Während Martin schaut, stößt sich der Hahn von seiner Schulter ab und flattert ein paar Meter von Martin fort. Das bringt ihn kurz aus dem Gleichgewicht, beinahe wäre er hinabgestürzt.

»Was hast du?«, fragt Martin wieder.

Der Hahn hüpft umher und verliert Federn, die auf der Schneedecke liegen bleiben. Er hat wohl

Angst. Martin streckt den Arm nach dem Tier aus, aber es weicht zurück.

»Aber ich muss da runter«, sagt er. Der Hahn bleibt auf Abstand. »In Ordnung«, sagt Martin, und das Herz zieht sich ihm zusammen. »Aber ich muss etwas holen. Es ist wichtig.«

Er sucht rasch nach einer Stelle, die weniger steil hinunterführt. Schließlich wählt er den Abstieg neben einem Baum, dessen Wurzelwerk ihm dienlich ist. Er denkt, er kann sich hinunterhangeln, aber das lässt die Schlucht nicht zu. Schon beim ersten Versuch rutscht er ab und schlittert auf dem Hosenboden. Jeder Tritt ein Tritt ins Leere. Panik durchschießt ihn, denn es fühlt sich nicht an, als würde er stürzen, vielmehr als würde er gezogen. Und die Schlucht ist eine, die sich darauf freut, ihn zu verschlucken. Was, wenn sich der Boden öffnet und die Erde ihn sich einverleibt.

Noch im Straucheln wird ihm schwarz vor Augen. Aber nach dem nächsten Überschlag und einem Ast, der ihm einen Kratzer in die Wange schlitzt, landet er schließlich auf dem Grund.

Martin hat einen hohen Ton im Ohr. Vielleicht ist er mit dem Kopf aufgeschlagen. Alles tut gleichmäßig weh. Etwas Warmes rinnt ihm die Wange hinab. Blut von der Wunde.

Langsam erst der Blick ins Rund. Verstreute

Knochen. Blank die meisten. Fellreste. Verrottetes Fleisch. Aber vor allem Skelette, Schädel.

Martin rappelt sich auf.

Der Ton in seinem Kopf will nicht leiser werden und summt durch ihn hindurch. Alles wird ihm seltsam hier unten. Oder ist das vom Fall?

Er kommt auf die Beine und strauchelt gleich wieder. Die Knochen unter seinen Füßen klappern, und er fragt sich, ob er eigentlich jemals zuvor diese Traurigkeit gespürt hat, die sich in ihm ausbreitet wie giftige Dämpfe. Ob ihn die Schlucht vergiften will. Ob er hier jemals wieder herausgelangt. Ob er hier jemals wieder herausgelangen möchte. Die Tiere tun ihm leid. Er möchte mit ihnen trauern. Er möchte sie begraben.

Tiere brauchen kein Mitleid, sagen die im Dorf. Die Kinder schmusen mit den Katzen. Ab und an schaut man in die großen Augen einer Kuh und fragt sich, warum sie so große Augen haben, wenn es doch keine Seele geben soll, zu der man hineinschauen könnte.

Martins Finger gleiten durch die Knochen. Befühlen die blanken Schädel und finden zwei, die sind von gleicher Art und Größe. Wofür.

Martin muss innehalten. Die Schlucht scheint sich um ihn zu winden. Warum ist er noch mal hier. Noch immer rinnt ihm etwas über die Wangen.

Aber kein Blut mehr, stattdessen Tränen. Er umfasst die Schädel, als seien es die Schädel seiner verlorenen Geschwister. Er weint und sieht sich dabei zu, wie er den Verstand zu verlieren droht. Und wie man dann in ein paar Jahren seine blanken Knochen zwischen all den Tieren finden wird. Und sich ein anderer fragt, was hier geschehen ist und was die Schlucht mit all den Toten will. Gleich legt er sich dazu und wird dort bleiben, wenn nicht der Hahn wäre, denn der Hahn lässt ihn nicht gehen.

»Martin!«, hört er ihn rufen. Und es ist das erste Mal, dass er ihn sprechen hört.

Martin hat die Augen bereits geschlossen, hebt den Kopf aber leicht.

»Komm jetzt zu mir zurück, Martin. Ich führe dich.«

Der Junge nickt, aber die Augenlider sind ihm schwer, und er kann nichts sehen.

»Das macht nichts«, sagt der Hahn. Und erklärt ihm, wie er aus seinem Überwurf einen Beutel bindet, in dem er die Schädel ablegt, damit er die Hände frei zum Klettern hat. Martin folgt der Stimme des Hahns, die sanft und wohltönend, zugleich eindringlich und unausweichlich ist, als würde ein Gott ihm die Stimme leihen. Die Stimme erfüllt Martin derart, als habe er all die Jahre nur auf ihren Klang gewartet. Es tut gut, einmal nur ein Junge zu sein, der den Worten eines anderen Wesens folgt.

Und so lenkt der Hahn ihn aus dem Knochenmeer heraus, weist ihm den Weg zum Hang, nennt ihm Wurzel und Stein für jeden Halt und jeden Tritt, bis das Kind wieder herausgeklettert kommt aus der traurigen Schlucht und erschöpft vor dem Hahn kniet.

Und es ist sicher, dass er niemandem davon berichten darf, wie der Hahn zu ihm spricht. Denn alle würden meinen, mit der Stimme des Teufels, aber Martin weiß, mit dem Teufel hat der Hahn so wenig zu tun wie er selbst.

Martin ist sehr erschöpft. Auf dem Nachhauseweg übergibt er sich mehrfach heiß und zitternd. Lässt aber weder die Schädel fallen noch den Hahn. Er kommt nur langsam voran, und so holt ihn die Dunkelheit ein.

Im Übergang zur Schwärze sind die Dinge grau. Die Schädel fangen das Restlicht und scheinen zu leuchten. Die leise, murmelnde Stimme des Hahns weist ihm den Weg und treibt ihn weiter heimwärts. Martin rinnen Tränen. Er wünschte, am Ende des Weges durch den Wald stünde jemand mit einem Licht und würde auf ihn warten und ihm leuchten.

»Ich bin dein Licht«, sagt der Hahn.

Da schließt Martin die Augen und setzt blind Fuß um Fuß. Seine Schritte über Lehm, Steine, Blätter. Er hört das Bersten von Schneckenhäusern, die er zertritt. Er hört den Käuzchenruf, das Grunzen eines Wildschweins. Die Hexen hört er nicht. Auch nicht die Untoten. Der Hahn führt ihn durch all den Schrecken und Aberglauben, doch Martin merkt nicht auf und wankt nicht und hält die Schädel links und rechts und erreicht das Dorf, da ist es bereits so finster wie der Tod.

Die Schritte am Dorfeingang, seine eigenen auf dem Dorfweg klingen ihm vertraut, hundertfach gegangen und gerannt. Er schlägt die Augen auf.

Licht dringt aus ein paar Hütten. Er selbst hat oben nie eines. Meist schläft er in der Dämmerung ein und ertrinkt in seiner Erschöpfung. Schläft er einmal nicht, versucht er die Sterne zu zählen. Das hat der Hahn ihm beigebracht. Gesprochen hat er damals allerdings noch nicht. Wie hat er das dann eigentlich gemacht?

»In deinem Leben gibt es Unerklärliches, damit du zum Erklärlichen gelangst«, sagt der Hahn.

Martin versteht es nicht, ahnt aber, dass es etwas mit den Schädeln zu tun haben muss. Vielleicht auch mit dem Reiter.

Nun jedenfalls betritt er die Schenke. Da sitzen

die Männer, die dort immer sitzen. Franzi ist nicht da. Abends arbeitet sie hier nicht. Abends hilft sie im Haus, denn niemand soll bei ihrem Anblick auf dumme Ideen kommen.

Die Kerzen blaken, als Martin hereinstolpert. Was für ein Anblick. Das fiebrige Kind mit den Schädeln und dem Hahn auf der Schulter.

Die Männer erschrecken und machen runde Augen. Einer nässt unter sich. Bleibt aber in der Pfütze sitzen, damit es niemand merkt, und kippt später sein Getränk darüber. Martin blinzelt und sehnt sich nach der Einsamkeit des Waldes zurück. Vorsichtig platziert er die Schädel auf dem Tisch, und durch die Männer gehen ein paar Gedanken.

Das Kind nervt ja gewaltig, weil es so ungewöhnlich und eigensinnig ist und – man möchte es nicht so gerne eingestehen – recht mutig, wenn nicht sogar klug. Unterhaltsam insgesamt. Aber die wenigsten wollen es unterhaltsam. Die meisten wollen mit ihren Fehlern in Frieden leben.

Man könnte Martin etwas zu trinken oder zu essen geben, aber da denkt wieder niemand dran. Der Hahn ist still und verrät nicht, dass er sprechen kann. Die Männer haben allerdings längst vergessen, dass sie am Mittag noch geschimpft hatten, Martin solle Beweise erbringen, ob Wander-Uhle gestürzt oder erschlagen worden sei, denn das scheine er ja zu wissen. Martin ist fassungslos, dass die Männer den Anschluss an den Mittag anscheinend verpasst haben, und es dauert, bis man an dem Punkt angelangt ist, an dem man vorhin war.

Und wo ist jetzt der Schädel vom Wander-Uhle? Den soll man sich zum Vergleich anschauen.

Keiner weiß es mehr so genau.

Sie suchen ein bisschen herum, während dem fiebernden Kind Sterne vor den Augen tanzen.

Wer hat denn zuletzt?

Was für eine Sauerei hier.

Musst ja nicht kommen, wenns dir nicht passt.

Warum riecht der Sattler so nach Pisse?

Halts Maul.

Deine Ratten werden auch immer dünner.

So, Junge. Dann zeig mal her.

Martin nimmt die beiden fast identischen Schädel und wickelt sie jeweils in einen Lumpen. Dann schiebt er den ersten von der Tischkante. Beim zweiten greift er einen Krug und hämmert ihn auf den Schädel. Die Männer halten den Atem an. Verdammt, was der dürre Kerl für eine Kraft hat. Und was für eine ekelhafte Tat. Da muss man ja gleich an all die eigenen Taten denken, bei denen man etwas auf etwas anderem zerschlagen hat. Dinge, die nicht zusammengehören. Ein Kinderrücken und ein Backschieber. Oder ein Hund und ein Holzscheit. Es ist ungemein störend, wenn so ein Bursche einen ständig an diese Dinge erinnert, die man doch eigentlich bereits mit dem Herrgott in tiefstem Zwiegespräch verhandelt hat. Und dann rückt dieses Kind noch mal damit heran, als wäre es ihrer aller Gewissen.

Martin wickelt die Schädel aus den Tüchern und findet vor, was er erwartet hat. Der eine Schädel ist geborsten. Der andere hat ein Loch. Genau wie beim Wander-Uhle-Kopf.

Aber was macht man nun damit? Muss man jetzt den Mörder vom Wander-Uhle suchen gehen, wo es doch im Grunde niemanden stört, ob der nun tot ist oder weiter herumzieht. Wo doch Krieg ist und schönere Menschen sterben und der Wander-Uhle gewiss irgendwann eh in einer Bergschlucht sein Ende gefunden hätte, besoffen wie der immer war, weil er kein Weib rumgekriegt hat, wegen seiner Zähne nämlich.

Außerdem lenkt das von der entscheidenden Frage ab. Ob man den Schädel ohne Körper beerdigen darf und ob –

Aber da fällt das Kind plötzlich um und liegt schlotternd am Boden.

Das Fieber wohl. Der Junge krampft. Das kennt man von der alten Lisl, die ständig irgendwo hinfällt und krampft, zuckt und schäumt. Bei der weiß man, dass sie prophezeiend krampft. Wenn die Lisl fällt, kommt der Reiter. Der Reiter, der die Kinder stiehlt.

Und das finden sie jetzt interessant. Was will der Junge ihnen denn nun damit sagen? Einer meint, man könne ihn vielleicht einmal hochheben vom dreckigen Boden, wo doch die Seidel-Sau kaum öfter als einmal im Jahr kehrt. Da will aber keiner so recht den Anfang machen, und als dann doch eine halbherzige Bewegung getan wird, springt der schwarze Hahn auf die Brust des Kindes, spreizt drohend sein löchriges Gefieder und zischt.

»Rührt ihn nicht an!«, faucht der Hahn. Ganz sicher sogar haben sie das gehört.

Da schwenkt die Tür auf, die Kerze erlischt, den Männern entfahren hohe Schreie. Dafür schämen sie sich sogleich. Auf der Schwelle steht der Maler und schaut in die Situation hinein. Gleich merkt er sich das Licht, die Schwärze in den Ecken und in den Seelen der Männer. Idiotische Gesichter. Das halbtote Kind mit dem drohenden Hahn auf der Brust. Was für ein gottverlassenes Dorf, dem er die Kirche auspinseln muss.

Er kniet sich zu Martin, das Tier lässt es geschehen, weil es den Maler ohne Arg weiß. Das stimmt den Maler sehnsüchtig, denn er hätte auch gern so einen Freund, einen treuen Gefährten wie den

Hahn. Er selbst hatte mal einen Hund, aber der ist ihm davongelaufen.

Martin verdreht die Augen im Fieber. Der Maler hebt ihn auf, der Hahn bleibt regungslos auf dem Kind hocken, das wiegt fast nichts. Da ist ja meine Staffelei schwerer, denkt er sich. Der Maler tritt wieder aus der Schenke hinaus, die Männer bleiben staunend zurück. Ob der das darf, sie wissen es nicht.

10

In der Kirche erhellen Kerzen den Altarbereich. Ein Gerüst aus bekleckschten Brettern verdeckt das Auftragsbild. Überall Pinsel, Farben, Krüge.

Der Maler bettet den Jungen auf eine Kirchenbank, schiebt ihm eine Decke unter den Kopf, taucht ein paar Lappen ins Wasser und legt sie dem Kind auf die Stirn. Das Kind redet im Fieber. Es hebt die Hände und wehrt sich gegen Schläge, von denen es träumt, von denen es mehr als genug im Leben gab. Und es redet, fleht und bittet auf die Frauen im Dorf ein. Auf die Gerti, Ursula, Inga und bettelt um Brot, um ein nettes Wort.

Der Maler ballt die Fäuste vor Wut. Er trinkt einen Schnaps nach dem anderen, während er Martins Haar streichelt und streichelt, als versuche er die Alpträume aus dem Kind herauszustreicheln. Wie der Maler die Dörfler hasst. Die Männer sind das eine. Die Frauen aber. Der Maler ist so wütend und spuckt vor Abscheu aus.

Es hat etwas ganz und gar Verschobenes, dass

der Junge, der nichts hat, aber auch nichts müsste, den größten Anstand besitzt, während die Dörfler sich Regeln und Gebote je nach Gemütslage erstellen und so zufrieden mit sich und ihrem falschen Leben sind, dass es obszön ist. Wie sie einander Wärme geben, indem sie gackern und witzeln, sich das Maul zerreißen, sich miteinander wohl fühlen, wie Säue im Schlamm. Der Maler kennt diese Frauen, die schneller als ein Wiesel zu den Nachbarn rennen, um über andere zu lästern, sich lustig zu machen über jemanden, der ihnen nicht passt, weil er allein schon durch seine Existenz, wie der Junge, ihre ganze schweinchenhafte Zufriedenheit in Frage stellt. Anmaßend sind sie. Sie lügen und schummeln. Eigentlich sind sie dumm, aber auf eine ungute Art pfiffig. Wie soll das Kind überleben, wie soll die Moral bestehen zwischen diesen selbstgefälligen Männern und den giftigen Frauen? Und nur das Kind hält fest an den guten Wegen, bleibt standhaft auch im Spott, bleibt gut, auch wenn die wässrigen Augen der Nachbarin es mustern und urteilen und Martin hassen, weil er gesehen hat, wie sie immer und überall ihren Vorteil herausschlägt und vornherum Verzicht predigt.

Der Maler trinkt mehr Schnaps und erzählt von seinen Visionen in die Fieberträume des Jungen hinein. Ab und zu legt er Martin eine Kelle Wasser an die Lippen und erzählt, redet sich über Stunden in Rage, schnauzt und wütet. Irgendwann springt er auf und malt das Bild fertig.

Als Martin erwacht, dringt bereits graues Licht in den Kirchenraum. Über ihm spannt sich das Kirchengewölbe aus schwarzem Basalt. Wie immer sitzt der Hahn bei ihm. Den Maler entdeckt er schnarchend auf einer Decke.

Martin klettert von der Bank. Ist wacklig auf den Beinen. Langsam nähert er sich dem Altarbild. Noch verdeckt das Gerüst einige Teile, aber die Pracht ist schon zu ahnen. Der Himmel mit goldenen Wolken und dort der Schmerzensbaum. Die Diebe in die Ferne gerückt, der knabenhafte Jesus vorn.

Martin weckt den Maler.

»Gehst du jetzt?«, fragt er ihn.

Der Maler stützt sich auf die Ellbogen und freut sich, dass er das Kind gesundgepflegt hat. Allerdings diese Kopfschmerzen. Er nickt.

»Dann nimmst du mich mit«, sagt Martin. Der Maler nickt erneut. Natürlich nimmt er ihn mit. Und kommt schnell in die Höhe, ein Fehler, denn nun will der Schnaps von gestern aus ihm heraus. Gleich geht es ihm besser.

Rasch packt er sein Bündel und ist doch langsamer als Martin, der nichts zu packen hat, den Hahn immer dabei und alle Kleidung bereits auf dem Leib.

Noch das Gerüst. Behend hangelt der Maler die Balken empor, die unter seinem Gewicht wippen. Schnell muss er arbeiten, denn das Gerüst ist nur stabil, solange sich alle Bretter gegenseitig halten. Alsbald das oberste entfernt wird, wollen auch die anderen stürzen, und der Maler muss schneller abbauen, als er stürzen kann. Das tut er nicht ohne Fluch, legt aber endlich das Altarbild frei. Die letzten Stützen tritt er beiseite und kippt den Tisch um. Die Farben hat er rasch beisammen und schultert den Schemel. Mit einem Blick bedeutet er Martin zu gehen. Sie drücken die Tür auf und lassen sie offen. Das Dorf liegt still. Ob sie wirklich alle noch schlafen? Martin will nicht Abschied nehmen. Aber die Franzi hätte er gern noch mal gesehen. Und sagt es auch.

»Die Franzi.«

Sehr leise. Der Maler hält inne.

»Geht nicht«, sagt der Maler. »Sie wird's verstehen«, schiebt er Trost nach.

Martin nickt. »Ich werd sie holen«, sagt er. »Ich komme wieder und hole sie.«

Der Maler zuckt die Schultern und sagt nicht, dass er nie wiederkommen wird. Sagt auch nicht, dass die Franzi bald ohnehin verheiratet, schwanger und in weiteren Jahren zahnlos sein wird.

Er zieht mit großen Schritten voran, und Martin, entkräftet vom Fieber, stolpert hinter ihm drein und entfernt sich Schritt für Schritt von jenem Ort, den seit Generationen niemand seiner Angehörigen verlassen hat, und nun geht er, der letzte, und es kann gut sein, dass morgen die Pest alle Dörfler dahinrafft oder sie sich gegenseitig umbringen, er ist dann woanders. Aber vergessen werden sie ihn nicht.

Man könnte ja meinen, die Dorfbewohner wären erleichtert, dass der Junge mit dem gefiederten Teufel endlich fort ist und sie alle ihre Ruhe haben. Aber es ist anders. Denn als die Dorfbewohner die Kirche mit offener Tür sehen, zögern sie hineinzugehen, tun es schließlich doch und harren staunend aus. Das Altarbild ist fertig, und da haben sie nun ja eine Weile drauf warten müssen.

Ein Streifen Licht fällt durch das Kirchenfenster und trifft das Bild dort, wo Jesus am Kreuz hängt und das Haupt in Schmerz und Anmut himmelwärts hebt. Das mit dem Licht hat der Maler an guten Tagen natürlich beobachtet und seine Jesusdarstellung entsprechend ausgerichtet.

Man tritt also näher, und je näher man kommt, umso unwohler wird den Dörflern, denn in den

Gesichtern – ist das Zufall, nein, das kann nicht sein – erkennen sie einander.

Die krumme Fresse hier ist doch deine.

Und der hässliche Wächter sieht aus wie du.

Dann dämmert ihnen: die Franzi als Maria, Himmel, welch ein Frevel.

Aber am schlimmsten, und da sagt dann keiner mehr was, ist der Jesus. Dem hat der Maler Martins Gesichtszüge gegeben. Und nun hängt das liebe Gesicht des Kindes für alle Ewigkeiten den Dörflern vor der Nase.

11

Geben sich der Maler und der Junge bei ihrer Wanderung als Vater und Sohn aus, werden sie wohlwollender aufgenommen.

Martin mag den Gedanken, der Maler könne sein Vater sein. Der Maler schlägt ihn nicht. Kein einziges Mal ist er laut gegen das Kind geworden. Martin vertraut ihm. Nur dass der Hahn sprechen kann, behält er für sich.

Oft regnet es. Der Wind ist schneidend. Der Maler hat seine liebe Not, Farben und Papiere trocken zu halten. Manchmal zieht er Hemd und Joppe aus, um sein Werkzeug zu umwickeln. Läuft mit nacktem Bauch. Der Regen rinnt ihm über die Schultern. Er flucht und befühlt unablässig sein Bündel. Da tut er Martin leid. Obwohl er ja gleichermaßen durchnässt ist. Den Hahn trägt er an der Haut. Er den Hahn und der Maler die Dinge. Und da fragt er sich, ob die Dinge eigentlich zu dem Maler sprechen, wie der Hahn zu ihm spricht.

Kaum erreichen sie eine Stadt, wird der Maler

unruhig und muss dann erstmal eine der grell geschminkten Frauen aufsuchen. Während er bei denen liegt, gibt Martin auf das Bündel acht.

Martin fasziniert, dass der Maler Gesichter, Szenen und Gefühle dergestalt bannen kann, dass sie auf alle Zeiten erzählbar bleiben und sich die Zeichnung für ihn erinnert.

Auch er beginnt zu zeichnen. Aber ihm ist nicht Schönheit der Auslöser oder der Wunsch nach etwas Großem. Er will keine Anklage und kein Vermächtnis. Ihn interessieren die Wunden und Narben der Kriegsversehrten, denen sie in den Gassen der Städte und in den Schankstuben begegnen.

Er leiht sich Papier und Kohle des Malers, der ihm die Sachen überlässt und schaut, wie sich der Junge abmüht, Narbenwülste und Schnittspuren, leere Augenhöhlen und Armstümpfe zu zeichnen. Den Versehrten macht es nichts aus. Sie betrinken sich und erzählen. Dem Jungen mit den sanften Augen klagen sie gern ihr Leid. Sie lästern über den Krieg, schimpfen auf die Herren. Sie beschweren sich über das miese Essen und den lumpigen Leib, den sie bewohnen. Noch nie hat es von irgendetwas genug gegeben. Außer von Wunden jetzt.

»Verstehsssudasjunge?«, lallen sie, und ja, das versteht Martin und sinkt tief in die Anblicke und Wunden, bis es sogar dem Maler reicht und er das Kind beim Kragen hinaus aus der jeweiligen Schenke zerrt und nach etwas Lieblichem sucht, denn irgendwie glaubt er sich für die Herzensbildung des Kindes verantwortlich.

Es ist aber gar nicht so einfach, inmitten der fauligen Gassen, zwischen Pinkeleimern, Ratten und Abfällen etwas Liebliches zu finden. Das macht den Maler schwermütig, denn Liebliches braucht sein Malergemüt.

Der Maler bekommt zwei neue Aufträge. Einmal soll er die Töchter eines Tuchhändlers malen. Die sind aber so hässlich, dass er die Arbeit abbrechen muss. Er bekommt den doppelten Lohn geboten, der Vater entschuldigt sich sogar, allein der Maler kann gar nicht hingucken.

Der andere Auftrag ist ein Lustbild für einen älteren Mann. Eine verführerische Szene, eingebettet in ein harmloses Drumherum.

Der Maler muss sich ein Modell suchen, um seinen Blick für den weiblichen Körper zu schulen. Sie dürfen im Hinterhof des Auftraggebers malen und wohnen. Sie bekommen Strohsäcke zum Schlafen. Das Stroh ist klumpig und riecht nach Schimmel, aber für Martin ist es immer noch weicher als alles, was er kennt, hat er doch seit jeher nur auf dem Boden geschlafen. Mit nichts als einer Decke und dem Hahn.

Der Maler trifft nun auch auf andere Maler. Man nennt ihm die jungen Frauen, die gern gegen ein paar Münzen nackt Modell stehen, ist ja allemal besser, als mit den Männern zu schlafen. Aber wenn du sie fragst, so trägt man ihm zwinkernd zu, sagen sie auch nicht nein. Oder du hörst halt nicht hin.

Martin misstraut den anderen Männern. Er findet es nicht gut, wenn sein Maler mit den anderen trinkt, und später fehlen dann Farben im Sortiment oder Pinsel. Aber als Martin eine Bemerkung macht, wischt der Maler seine Bedenken beiseite.

»Aber sie wollen dich hier nicht«, sagt Martin. »Sie haben Angst, dass du ihnen die Aufträge wegnimmst.«

»Natürlich«, sagt der Maler. »Ich bin ja auch besser als die.«

»Du bist vielleicht gut genug, aber du siehst aus wie ein Schwein.«

»Und du kannst beides beurteilen?«, fragt der Maler.

»Du musst dich waschen und dir ein sauberes Hemd besorgen«, fährt Martin fort. »Die Reichen mögen das. Sie stinken wie wir, sehen aber sauber aus. Wenn du die Reichen öfter malen willst, musst du so tun, als würdest du dort hineinpassen.«

»Ich will aber die Reichen gar nicht häufiger malen.«

»Aber dann würdest du mehr Geld verdienen.«

»Und was mache ich dann damit? Ich habe doch genug zu essen, zu saufen und zu huren. Was mache ich mit mehr Geld?«

Martin ist überfragt. Er kennt sich nicht aus mit Wünschen, für die man Geld braucht. Er kennt sich sowieso gar nicht mit Geld aus. Und auch nicht mit Wünschen. Er zuckt die Achseln.

»Aber die anderen mag ich trotzdem nicht«, murmelt er leise.

Da lächelt der Maler, weil er merkt, das Kind ist eifersüchtig. Es will ihn für sich haben und auf ihn aufpassen. Das rührt ihn.

Sie fragen nach Gloria. Das ist eine, die sich nackt malen lässt. Im Hinterhaus des Auftraggebers richtet der Maler sein Atelier ein. Martin reiht ihm Pinsel und Farben auf, Blätter und Kohlestifte. Dann warten sie lange auf das Modell. Und als Gloria schließlich kommt, ist der Raum gleich erfüllt mit ihrer Schönheit und mit dem Geschrei ihres Babys, das sie auf der Hüfte trägt.

Das Baby hat die Fäustchen in Glorias Haar verkrallt, das so lockig ist, wie Martin es noch nie gesehen hat. Gloria riecht betörend. Der Maler freut sich und kratzt sich verlegen. Er liebt schöne Frauen und verehrt sie. Er wird sehr höflich und zuvorkommend. Gloria bleibt argwöhnisch. Sie mustert Martin und den Hahn. Der Junge vermag ihren Gesichtsausdruck nicht zu deuten. Dabei weiß er nicht, dass es sich umgekehrt ganz ähnlich verhält. Niemand kann in Martin lesen, in seinem freundlichen, milden Blick.

Während der Maler und Gloria reden, stopft sich das Baby die Locken der Mutter in den Mund und kaut darauf. Der Maler zählt Gloria das Geld in die ausgestreckte Hand. Es verschwindet in ihrer Rocktasche. Dann setzt sie das Baby auf den Boden, das wackelig dort sitzt, mit den Ärmchen rudert und anfängt zu weinen. Gloria schlüpft aus ihrem Kleid, hebt das Baby auf und legt es an die Brust. Es trinkt und schmatzt, das Geräusch macht Martin seltsam zufrieden und müde. Der Maler beginnt augenblicklich, sie zu zeichnen.

Es regnet, aber sie haben nichts damit zu tun. Sie haben ein Dach über dem Kopf. Es gibt Arbeit und Essen. Der Hahn schläft in Martins Schoß, Gloria summt eine Melodie für das Baby, die Zeichenkohle schabt über das Blatt. Der Junge empfindet Geborgenheit.

Die junge Frau erscheint nun täglich. Immer öfter vertraut sie das Baby Martin an, der das kleine Wesen vorsichtig hält und es mit seinen Händen spielen lässt. Manchmal greift es nach dem Hahn und verkrallt sich in dessen Federn. Dann muss

Martin vorsichtig Finger um Finger lösen, während der Hahn leise flucht.

Wenn sich Gloria nackt in aufreizenden Posen rekelt, weil der Maler ja immerhin einen Auftrag hat, den es umzusetzen gilt, ist Martin verlegen und senkt den Blick, um das eben erst gefundene Gefühl der Geborgenheit nicht zu gefährden.

Der Maler kann das wohl trennen. Denn obwohl er für gewöhnlich keine Gelegenheit auslässt, um sich über die Vorzüge von Frauen auszulassen, fällt Gloria gegenüber nicht ein anzügliches Wort. Er fasst sie nicht an. Nie ruht sein Blick begehrlich auf ihrem Körper. Er nimmt sie nur als das wahr, was sie im Zuge seiner Arbeit ist.

Man merkt, sie weiß es zu schätzen. Gloria steht zeitgleich auch anderen Malern zur Verfügung. Sie muss ja das Kind durchbringen, das gedeiht und rote Backen hat. Braucht Gloria eine Pause, zeichnet der Maler das quietschende Baby, das es immer wieder auf den Hahn abgesehen hat und hinter dem Tier herrutscht. Alle müssen darüber lachen. Wie das Baby den Hahn verfolgt. Wie grimmig der Hahn davonstockelt. Martin lacht so lange, bis ihm Tränen über die Wangen laufen. Und wundert sich darüber. Das kennt er gar nicht.

Und eines Tages kommt Gloria nicht. Sie warten. Draußen regnet es, das Licht ist schlecht, der Maler muss die Kerzen bereitstellen. Der Tag geht, ohne dass Gloria erscheint. Nachts liegt Martin wach und sorgt sich. Auch anderntags kommt Gloria nicht um die verabredete Zeit. Sie warten einige Stunden, dann geht Martin sie suchen. Vielleicht ist sie krank. Vielleicht das Baby. Aber eigentlich ahnt Martin da bereits, es ist was geschehen.

Der Gestank in den Straßen ist schlimm. Martin presst sich den Ärmel vor Mund und Nase. Er fragt überall nach Gloria, aber lange weiß niemand etwas, bis der Junge völlig unerwartet ins Zentrum allen Unheils tritt.

»Der Bastard des Malers!«, schreit eine Alte plötzlich. »Hier ist er.«

Und schon packen sie ihn. Eine aufgeregte Meute alternder Huren mit eisernem Griff. Jungen, die nicht viel älter sind als er, verpassen ihm Kopfnüsse und Tritte. Martin wird geschüttelt, etwas trifft ihn an der Augenbraue. Blut rinnt seine Schläfe hinab, und der Hahn schaukelt in seinem Hemd wie in einem Sturm. Sie schleifen ihn quer durch den Schlamm bis in eine dunkle Gasse.

Martin wehrt sich nicht, die Übermacht ist ja deutlich, er muss es geschehen lassen. Sein Herz klopft, aber nicht weil er Angst um sich hat, vielmehr ahnt er, dass es um Gloria geht.

Dann versucht sich die Meute mit ihm in einen

dunklen Eingang zu zwängen. Das will nicht recht gelingen, weil niemand bereit ist, von Martin abzulassen, aber nicht alle gemeinsam hindurchkönnen.

Schließlich werden einige abgestreift und bleiben schimpfend zurück. Eine Treppe hinauf. Die Stufen spürt er kaum unter den Sohlen, so stark schiebt ihn die Alte – mit Glorias wildem Haar auch, vielleicht die Mutter, denkt er sich – die Stiege hinauf. Da ist ein Zimmer. Er braucht, bis er versteht, was er sieht.

Ein Bett, an dem einige knien. Es ist kaum Luft im Raum und so warm. Kerzen brennen ungeschützt. Martin hört sofort das Baby brabbeln. Als es Martin sieht, lacht es und streckt die Ärmchen nach ihm aus. Eifersüchtig nimmt ein Mädchen das Kleine auf den Arm und dreht es von Martin weg.

Auf dem Bett, an das er nun geschubst wird, liegt Gloria. Martin erkennt sie an ihrem Kleid und ihren Haaren, ihr Gesicht jedoch ist verwundet. Die rechte Wange von einem Schnitt entstellt, der sich aufgeworfen und flammend rot vom hohen Wangenknochen bis hinab zum Kinn zieht. Das Auge darüber ist zugeschwollen, die Lippe blutet. Gloria bewegt den Kopf. Sie hat Fieber und schwitzt. Die Alte rüttelt sie an der Schulter und schreit sie wenig zimperlich an, ob das der Bub gewesen sei. Gloria schlägt das gesunde Auge auf, aber ihr Blick sinkt gleich wieder fort und zurück in ihre Fieberträume. Vielleicht hat sie einen Abglanz von Martin mitgenommen.

»Nein«, sagt Martin. »Ich war das nicht.«

»Dann der Vater«, schreit ihm die Alte ins Ohr. Martin schüttelt den Kopf.

»Wer würde da nicht lügen?«, tönt eine Stimme. Die Leute schieben sich auseinander und geben den Blick auf einen Mann frei, der am Fenster sitzt.

Martin hat ihn schon einmal gesehen und erkennt in ihm einen jener Künstler, die sie nicht unfreundlich in der Stadt begrüßt haben. Ein Maler ebenfalls. Hat ihnen damals die Gloria vermittelt. Malte sie selbst bereits. Der Mann fletscht die Zähne.

»Aber als ich die Gloria gefunden habe, ich schwöre bei Gott, da hat sie eure Namen genannt.«

Er scheint zufrieden und ganz ruhig. Martin hat ihm bereits bei der ersten Begegnung nicht getraut.

»Ihr hättet sie gleich töten sollen«, zischt die Alte. »Jetzt ist sie entstellt. Nicht mal als Hure verdient sie nun noch genug. Hast du genau hingeschaut, du Bastard? Hast du dir das genau angeschaut?«

Die Alte haut Martin in die Rippen und drückt

ihn am Genick hinunter. Er schaut genau hin. Schaut sich den tiefen Schnitt im Gesicht der unruhig Schlafenden an und würde das aufgeklaffte Fleisch am liebsten abzeichnen, aber das kann er natürlich nicht erbitten. Dabei ist der Schnitt geradezu vorbildlich für den wütend und kraftvoll ausgeführten Streich mit einer langen dünnen Klinge. Mühelos kann Martin die Wunde mit denen vergleichen, die er notiert hat, die Blätter liegen wohlverwahrt, aber eigentlich braucht er sie nicht mehr, er kann sie auswendig. Der tiefe Schnitt. Die sauberen Kanten. So tief, dass die Wunde sich eigentlich nicht mehr von alleine schließt. Nicht so tief, als dass die Muskeln darunter beschädigt wären. Gloria wird weiter essen und reden können, vorausgesetzt, die Narbe entzündet sich nicht.

Martin schaut, und die Alte hört er schon nicht mehr. Und die Schimpfenden, Höhnenden, Ausspuckenden, sich Drängenden – wer sind die schon? Der Mann am Fenster jedoch hat etwas zum Zeichnen dabei und wirft ein paar Striche auf den Bogen. Wahrscheinlich eine Trauerszene. Die Meute an der Bettstatt. Er schabt mit der Kohle über das Papier, und Martin sieht zu, und ihm ist, als gäbe es nur diesen Mann auf seinem Stuhl, und er selbst hat die Aufgabe, etwas zu sehen. Etwas ganz Einfaches. Und dann sieht er es. Der Mann hält die

Kohle mit der linken Hand. Und die Wunde, der hohe Schnitt in Glorias Gesicht mit Wut und Kraft von oben nach unten gezogen, befindet sich auf ihrer rechten Wange. Das kann nur einer getan haben, der mit linker Hand alles fasst und greift und tut.

Also der. Und nicht Martins Maler, der den Pinsel mit der rechten Hand führt. Der Hahn windet sich unter Martins Hemd, und der Junge stellt sich vor, wie der Mann in Streit geriet mit Gloria, der Lichtgestalt dieser dreckigen Gosse. Der man nichts tun darf, weil einen die Huren, Halunken und Armen sonst dafür töten, dass man ihnen das Schönste nimmt, was sie je sahen. Diese Kostbarkeit.

Martin versteht. Wie schlau der Maler ist, dass er seine Tat nicht verheimlicht hat, sondern im Gegenteil: Gleich hat er nach Hilfe gerufen. Kaum dass er Gloria geschlagen, verletzt und gewürgt hat, hat er bebend von ihr abgelassen. Ist sein Bewusstsein in den lodernden Kopf zurückgekehrt. Gedanke: jemand anderem die Schuld geben. Stell dich inmitten des Unglücks und werde darin unsichtbar. Hier direkt bei Gloria, bei der schimpfenden Alten, den Wütenden, das versteht Martin nun, ist der Täter am sichersten.

»Er hat das Messer«, sagt Martin zu der Alten,

die ihn natürlich nicht verstehen will und ihn stattdessen in den Arm kneift.

»Er muss es gewesen sein«, sagt Martin ruhig.

Die Alte hört nicht zu.

»Er trägt ein langes, schmales Messer in seiner linken Tasche«, sagt Martin.

Allmählich merkt die Alte auf. Auch die anderen lassen die Mäuler offen hängen.

»Es muss noch Blut daran sein. Er hat es nur abwischen können.«

Einer geht hinüber zu dem Mann, der sich nervös räuspert und zu schubsen beginnt, als man ihm zu dicht auf den Leib rückt. Sie finden aber sofort das Messer an ihm. Der Mann schwitzt, aber die Klinge ist blank.

»Ich seh kein Blut«, sagt die Alte.

»Die Fliegen werden es finden«, sagt Martin.

»Hier sind überall Fliegen«, mault die Alte.

»Warum hört ihr dem überhaupt zu?«, fragt der Mann und macht Anstalten zu gehen. Gerangel. Man schiebt ihn in eine Ecke des Zimmers. Gloria seufzt im Schlaf. Das Baby klatscht in seine Händchen, und alle schauen Martin an. Ja, warum hören sie ihm zu? Warum macht sie der Junge so neugierig? Warum drehen sie ihm und dem Hahn nicht einfach den Hals um? Und ist es nicht letztendlich egal, wer Gloria verunstaltet hat, denn da ihre

Schönheit zerstört ist, sind auch die wenigen Gesetze dieser Gassen außer Kraft gesetzt? Die Trost spendende Schönheit. Nie hätte sie das Viertel verlassen dürfen, damit die Hoffnung nicht verlorengeht.

Ja, die Alte denkt an den jungen Mann, den Vater des Babys, der um Glorias Hand angehalten hat. Der war aus einem anderen Viertel. Wohlhabend, gutaussehend und mutig. Der hat Gloria ehelichen und mit ihr fortgehen wollen. Aber die Alte hat nicht eingewilligt, denn dann wäre ja ihre eigene Lebensversicherung dahin gewesen. Gloria brachte ja genug für alle ein. Da hat sie den Verliebten fortgeschickt, aber der ist immer wieder gekommen und hat schließlich sehr freundlich gemeint, nun nähme er Gloria eben ohne den Segen der starrsinnigen Alten mit, um ihr und dem Baby, das bereits Glorias Bauch wölbte, ein schönes und vor allem besseres Leben zu bieten. Ohne die Alte. Ohne die Gosse.

Da hat ihn die Alte umgebracht. Mit der großen Schere auf ihn eingestochen. Sehr oft. Er war so verblüfft. Er ist verblüfft gestorben. Nicht ein Schrei.

Anschließend hat sie ihn verscharren lassen von denen, die keine Meinung zu etwas haben. Und dann haben tagelang die Fliegen auf ihrer Schere getanzt. Drum weiß die Alte, dass der Junge recht haben könnte, wenn es um das Messer des Malers geht.

Gloria, die wochenlang und ein ganzes Jahr auf den jungen Mann wartete und nicht verstehen konnte, warum er nicht wiederkam, obwohl die Alte ihr Tag um Tag geduldig erklärte, wie die Männer nun mal seien. Niemand würde sie je aus der Armut befreien. Sie sei in Armut geboren und werde in Armut sterben, zumal sie so dumm gewesen sei, sich ein Kind machen zu lassen. Das war recht anstrengend, Gloria zur Vernunft zu bringen, und nun das. Die ganze Arbeit quasi umsonst.

Martin fragt, ob die anderen auch Messer mit sich führen. Keiner rührt sich, bis die Alte ein Kommando zischt. Da rücken sie ihre vielleicht gekauften, gefundenen, geerbten oder geklauten Messer heraus. Vom Wetzen dünne Klingen. Manche mit eingekerbten Griffen.

Sie sollen sie nebeneinander auf den Boden legen und das Messer des Malers dazu. Sie tun es und treten wieder zurück in die Reihe. Es wird gehustet, mit den Füßen gescharrt und unter der Aufsicht der Alten gewartet. Die Fliegen, die sich ständig auf Glorias Wunde setzen und Eier darin legen wollen, werden fortgewedelt, kehren jedoch und immer sofort zurück. Nun aber, nachdem man sie verscheucht hat, kreisen sie unschlüssig über dem Lager der Fiebernden, entfernen sich schließlich und summen in dem engen Zimmer, bis sie zu den Klingen am Boden finden. Und sie suchen sich genau die Klinge des Malers aus. Hocken da und alle übrigen Klingen bleiben leer.

Nun will der Täter natürlich flüchten, schafft es aber weder zur Tür hinaus noch zum Fenster. Jedenfalls ist die Wut auf ihn groß und da gibt man ihm sein Messer vielfach zurück. Martin schaut nicht hin. Er sieht nur Gloria, und sie tut ihm leid.

Als es getan ist, darf er gehen. Die Alte schnaubt. Er strauchelt die Treppe hinab und stößt die Tür nach draußen auf. Er beeilt sich, zu seinem Maler zu kommen, und als er endlich dort ist, wirft er sich ihm in die Arme und schluchzt.

Der Maler klopft ihm den Rücken und macht brummende Geräusche und ist froh, dass der Junge zurück ist. Martin weint aber nicht, weil er Angst um sich gehabt hätte. Er weint um Gloria, und weil die Ruhe und Geborgenheit des Ateliers unwiederbringlich dahin ist. Martin erzählt, und der Maler hört sich alles an. Dann reibt er sich sehr lang das Gesicht, als wasche er es, und packt anschließend seine Sachen.

»Besser wir gehen«, sagt er. »Dass du so klug

bist, wird sich wohl jeder merken, aber keiner mögen.«

»Aber das Bild«, sagt Martin.

»Das ist doch kein Bild«, sagt der Maler. »Das ist Kram. Kram, für den man Geld bekommt.«

Martin versteht und will sich das vermeintliche Bild gar nicht erst anschauen. Wo doch Gloria darauf zu sehen sein wird. Und mit ihrer dargestellten Unversehrtheit geht doch auch die Erinnerung an die Geborgenheit einher.

Während der Maler Pinsel auswischt und die Farben verstaut, zeichnet Martin Glorias Wunde und auch das Messer daneben, um nichts zu vergessen. Aber wie könnte er überhaupt vergessen?

12

Es wird wärmer, und der Maler zeichnet alles, was ihm vor die Nase kommt. Insekten, Pflanzen. Bäume mit Blüten, die wie Schnee von den Ästen fallen. Der Maler hockt auf einem Stein und lässt sich von Martin die ersten Käfer bringen, die er dann sehr genau abzeichnet, bevor er sie dem Hahn zur Speise überlässt.

Martin ist dabei nicht sehr aufmerksam. Schon seit Tagen ist er schreckhaft und unruhig. Der Frühling enthält bereits den ganzen Tod des scheidenden Jahres. Überall sieht er Vorboten. Die zertretenen Raupen. Blaugewirkt an den Rändern, mit feinen Borsten, unter denen das Innere hervorquillt. Die Spinnennester, aus denen Tausende von winzigen Abkömmlingen über die trockenen Blätter des Vorjahres huschen. Blut in seinem eigenen Urin. Einmal finden sie einen toten Fuchs, dem die Fliegen aus der Nase kriechen und die Maden in der Bauchhöhle wimmeln.

Er denkt jetzt wieder viel an den Reiter. Immer

wieder hält er Ausschau nach einem schwarzen Pferd, nach einem Reiter im schwarzen Mantel.

Der Maler gräbt indessen am Waldrand nach essbaren Wurzeln und vertrockneten Pilzen. Martin sucht weiterhin die weitschweifigen Hügel mit den Augen ab. Im Schatten lauert er auf Bewegung. Hofft er oder bangt er. Unablässig zieht sich sein Herz zusammen.

»Er ist hier irgendwo«, flüstert er dem Hahn zu.

»Von wem sprichst du?«, fragt der Maler, dem vom vielen Bücken der Kopf schon ganz rot ist. »Oder soll ich lieber fragen: Mit wem sprichst du?«

Der Maler ist nicht dumm, denkt Martin. Er antwortet ihm auf die erste Frage.

»Der Reiter«, sagt Martin.

Der Maler brummelt in die Rinde und Moose des Waldes hinein.

»Kennst du die Geschichten nicht?«, fragt Martin.

»Doch. Schon.«

»Ich habe ihn gesehen.«

»Ihn.«

»Ja. Sein Pferd. Ich bin hinter ihm hergerannt. Er hat ein Mädchen geholt.«

»Aus deinem Dorf?«

»Seither suche ich ihn.«

Der Maler richtet sich auf und biegt seinen Rücken durch, dass die Wirbel knacken und ein Furz ihm entweicht.

»Junge«, sagt er schließlich. »Es gibt keinen Reiter.«

»Ich habe ihn doch aber gesehen.«

»Aber es ist nicht nur ein Reiter. Nicht ein einzelner.«

Martin ist sprachlos. Er klappt den Kiefer rauf und runter, bekommt aber die Bitte nach Erklärung nicht über die Lippen.

»Wie lang kennst du denn die Geschichte vom Reiter?«, fragt der Maler. Martin denkt nach. Sein ganzes Leben. »Und vor dir hat jemand anders die Geschichte schon erlebt und erzählt. Und fast überall, wo ich durchkomme, erzählt mir jemand davon. Sogar gemalt habe ich ein Bild mit einem solchen Reiter bereits. Das ist nicht ein Mann. Nicht ein Reiter. Das sind viele.«

Martin blinzelt. »Und wenn es viele sind, muss es jemanden geben, für den sie es tun.«

Der Maler zeigt mit den erdigen Fingern auf ihn. »Eine Art Verschwörung.«

»Macht das die Suche leichter?«, fragt Martin.

»Ich jedenfalls würde nicht mehr dort suchen, wo jeder die Geschichten kennt.«

Martin starrt den Maler an. Die Erkenntnis

drängt sich in seine Brust und füllt sie ganz aus. »Sondern dort, wo sie keine Kinder stehlen. Wo man sie nicht kennt. Nur dort sind sie unbelangbar.«

Der Maler grinst. Und hält eine krumme Wurzel prüfend gegen die Sonne. »Jaja. Die ist gut und die …« Er wirft Martin eine kleinere zu. »Die taugt für dich.«

Martin dreht die Wurzel in der Hand. Sie sieht aus wie ein Vogel. Den Reiter finden. Die Reiter finden. Die Quelle entdecken.

»Iss«, sagt der Maler. »Wir leben und essen und wandern und suchen. Manchmal finden wir auch. Heute essen wir und morgen gehen wir weiter.«

Martin nickt. Er ist dankbar. Ganz langsam kaut er die Wurzel. Ganz allmählich beruhigt er sich und denkt an die Tode seines Dorfes. Wie sich so mancher mit Wurzeln vergiftet hat. Verendet mit schäumendem Magen. Den *idiotischen Tod* haben sie das genannt. Von dem gibt es einige: von der Leiter fallen und sich das Genick brechen. Im Stall ausrutschen und von den erschrockenen Tieren zertrampelt werden. Beim Holzspalten das Scheit verfehlen und sich ins Bein hacken, dass das Blut wie eine Fontäne quer über den Hof spritzt. Oder eben an einer Vergiftung sterben.

Neben diesem Tod gibt es außerdem noch den

unnötigen Tod, bei dem alle nur seufzen. Wenn Kinder sterben. Oder einer Frau schon nach dem ersten Jahr der Schädel eingeschlagen wird. Wenn einer vom Nebel überrascht den Abhang hinunterstürzt.

Aber nein, korrigiert sich Martin. Dann sprachen die Dörfler vom *verfluchten* oder *unheimlichen Tod.* Einem solchen gingen die Omen voraus. Eine geisterhafte Gestalt im Nebel. Säuglinge, die über der Wiege schwebten. Blutende Frösche. Und die Lisl natürlich, die mit einem Krampf fällt und sich die Zunge während der Krämpfe schon so zerkaut hat, dass man sie beim Sprechen nicht mehr verstehen kann.

Den *verfluchten Tod* hat Martin noch nie verstanden. Er glaubt ja nicht an Geister und Hexen. Und er weiß mit ziemlicher Sicherheit, dass man in die Schlucht stürzt, weil man betrunken ist. Und dass man von Lisls Krämpfen immer dann spricht, wenn zur gleichen Zeit ihr Schwiegersohn so ausgesprochen gut gelaunt durchs Dorf marschiert und prahlt, er habe es gut gehabt in der Nacht. Nichts entgeht Martins feinen Sinnen. Er weiß aber auch, dass all die Glorias und Lisls, die Martins und verschwundenen Kinder keinen haben, der für sie einsteht. Und schaut man auf die Toten, so geht es da weiter. Sie ruhen in ihren Särgen mit ihren zusammengesuchten Gliedmaßen und können nicht berichten.

Der Maler hat sich aus der großen Wurzel einen stinkenden Sud gebraut, den er in einem Schluck trinkt.

Es dauert keine fünf Minuten, da bekommt er Anwandlungen. Reißt sich das Hemd vom Leib, redet verschwommen und springt sehr begeisterungsfähig durch die Natur, um alles anzuschreien, was ihm gefällt.

Rasch entfernt er sich von Martin, der seine liebe Not damit hat, alles Hab und Gut zusammenzuraffen, den Hahn zu schultern und dem Entfesselten nachzueilen.

Der entfernt sich in unvorhersehbaren Intervallen. Mal liegt er weinend im Gras, und Martin holt ihn ein. Dann wieder rennt er die Hügel hinunter, dass es staubt, und Martin kann nur hoffen, ihn nicht aus den Augen zu verlieren.

Erst als es dunkelt, wird der Maler ruhiger. Er wartet, bis die Sterne zu sehen sind, und erzählt Martin von ihnen.

Der Junge hört ihm zu und versucht, sich die schwierigsten Namen zu merken, während der Hahn Löcher in ein Papier pickt und so den Stand der Himmelskörper markiert. Sie staunen hinauf in das glitzernde Dunkel, in all diese Pracht, die nicht für den Menschen gemacht ist, denn der soll um diese Zeit ja schlafen.

Der Maler wirkt so ruhig, dass Martin meint, der seltsame Wurzelzauber habe sich gelegt. Aber als die Sternschnuppen über den Nachthimmel stieben, muss der Maler doch noch einige Male vor Begeisterung schreien.

Schließlich scheint es aber geschafft. Kopfschüttelnd zieht der Maler sein Hemd wieder an. Martin hat es ihm gereicht und dabei gedacht, dass er den Maler mag und am liebsten für immer mit ihm gehen würde.

Gerade will er das dem Maler sagen, da streckt und reckt der sich aus, gähnt und wirft die Worte hin: »Das war ein bemerkenswert fieses Gericht. Das nächste Mal, wenn ich Hunger habe, koche ich deinen verflixten Hahn.«

Und da weiß Martin, dass er den Maler eines Tages verlassen muss. Und es tut ihm weh. Der Maler schnarcht und schläft seinen Rausch aus, während Martin noch lange in die Nacht starrt und nun erkennt, dass erst die Liebe zu jemandem den Weg für Schmerz und Angst ermöglicht.

13

Alles, denkt Martin, ist älter als ich und schon seit jeher da. Er fragt sich, ob es wohl auch einmal umgekehrt sein wird.

Sie sind lang unterwegs und weit ins Landesinnere vorgedrungen. Martin hat das Gefühl, im Zentrum allen Leidens, im Zentrum der Siechenden und Trauernden zu sein. Die Leichen tropfen von den Bäumen wie vergorene Äpfel. Sie säumen die Felder zwischen Mohnblumen und Schafsgarbe. Die Äcker liegen brach. Der Boden aufgeplatzt und dürr. Ameisen tragen ihre Larven davon. Martin erkennt getrocknete Rehspuren im Boden. Aufgezeichnet wie ein Vermächtnis. Die Wälder scheinen ihm voll mit Menschen, die Tiere aber sind verschwunden oder fliehen diesen Jammer.

Niemand spricht mehr von den Reitern. Die Befragten haben keine Zähne mehr im Mund und sind so dünn, dass man ihnen am liebsten keine Worte mehr gegeben hätte, damit sie sich nicht daran verschlucken.

Fragt Martin nach dem Reiter, erntet er verständnislose Blicke.

»Wir sind ihm ganz nah«, sagt Martin mit Lippen, vom Durst so aufgesprungen wie die Ackerkrume, und der Maler schreit das Kind an, ob es damit aufhören könnte, ein einziges Kind retten zu wollen, einer Mythe nachzujagen, wo um sie herum nichts als Tod und Elend ist. Alle gilt es zu retten, aber alle sind verloren.

Doch Martin denkt anders. Ein gerettetes Leben ist alle Leben.

Der Maler entgegnet nichts. Der Hunger lässt ihn schweigen. Der Schmerz wühlt in seinen Eingeweiden und stülpt ihm die Seele nach außen. Immerzu fällt sein Blick auf den Hahn, den er sieht, obwohl ihn der Junge doch längst nur noch unter seinem Hemd verborgen trägt.

Gleichwohl es Martin immer forttreibt und ihn der Wunsch, den Reiter zu finden, kaum noch schlafen lässt, achtet er die Arbeit des Malers. Als sich dessen Name in der elenden Gegend doch irgendwie herumspricht, ereilt wie aus dem Nichts die beiden Hungernden die Kunde, sie mögen rasch, rasch zum gräflichen Schloss die Schritte lenken, man brauche den Maler dort. Denn dem Maler geht ein Ruf voraus, davon wusste Martin bislang nicht. Es heißt, er könne besonders schnell arbeiten. Nun wird der Auftrag an ihn herangetragen, ein Familienporträt zu erstellen.

Sie eilen. Sie darben und hoffen auf Lohn. Eine Mahlzeit wäre himmlisch. Als sie den Landsitz endlich erreichen, sehen sie aus wie Herumtreiber, die sie ja auch sind. Sie riechen. Ihre Kleidung ist voller Wanzen und zerlumpt.

Geradezu überschwenglich werden sie begrüßt. Garten und Palast scheinen vom Elend der Welt noch nicht gehört zu haben. Der Park ist gepflegt. Büsche und Hecken winden sich wie kunstvoll beschnittene Tiere. Während sie noch den Kiesweg zum Anwesen zurücklegen, kommt ihnen ein aufgeregter Mann entgegengeeilt.

Der Hauswirtschafter, so stellt er sich vor. Martin hat noch nie jemanden gesehen, dessen Kleidung so vollkommen und dessen Gestalt so biegsam war. Er scheint sich in alle Richtungen winden zu können. Es macht Martin völlig durcheinander.

Unablässig antreibend und plappernd schiebt der Hauswirtschafter sie über den Kies. Das Anwesen betreten sie durch eine Tür, groß wie für eine Kirchengemeinde. Dahinter öffnen sich Flur und Raum, ausgreifender, als es Martin jemals sah. Hier warten leere Stühle an Ecken, Bilder in Goldrahmen, Leuchter, in denen Kerzen brennen, obwohl es Tag ist und niemand sich hier aufhält.

Der Hauswirtschafter schubst den Maler und das Kind bis in eine Küche. Es dampft in den großen Kesseln über dem Feuer, und Martin muss den Hahn festhalten, damit der nicht vor Angst Reißaus nimmt. Sie bekommen Speckbrot mit Butter und dazu süßen Wein. Der Hauswirtschafter bringt Kleidung, schält den Maler und den Jungen noch in der Küche aus ihren alten Sachen, als wären sie Kartoffeln in dreckstarrer Pelle.

»Es eilt, es eilt«, wiederholt er ständig und hilft ihnen so rasch wie möglich in die ungewohnte neue Kleidung.

Zu seinem größten Erstaunen stellt Martin fest, erstmals Kleidung zu tragen, die ihm passt. Keine Kordel nötig, die ihm den Hosenbund hält. Die Schuhe an seinen Füßen sind weich und leicht im Vergleich zu den Holzpantinen, die er sonst hat, wenn er nicht barfuß laufen muss.

Der Maler trägt ein weißes Rüschenhemd, aus dem sein schmutziger Hals wie ein Stück Baumrinde hervorschaut. Ihn scheint die ungewohnte Kleidung eher zu stören als zu erfreuen. Er rülpst und kratzt sich den Bauch.

Der Hauswirtschafter verteilt Parfüm auf ihnen, bis das Fläschchen leer ist.

»Viel besser«, seufzt er, aber Martin wird von dem Geruch übel. Oder vielleicht von dem ganzen

Brot und Fett. Er ist ja das Sattsein gar nicht gewohnt. Vielleicht ist es auch die Hitze zwischen den dampfenden Kesseln, in denen Schweinehälften brodeln. Martin bricht der Schweiß aus, während der Hauswirtschafter um sie herumspringt, als wäre er überall zugleich.

Nun treibt er Martin vor sich her, im Laufschritt geht es wieder durch Gänge. Raum folgt auf Raum. Dem Jungen wird schwindlig von all den Türen, all dem Besitz.

Endlich gelangen sie an einen großzügigen Saal, länglich mit hohen Fenstern, prachtvoll ausgestattet, an dessen Ende sitzen drei Menschlein, als säßen sie immer nur dort und hätten nie etwas anderes zu schaffen. Ob ihnen wohl Staub auf den Schultern liegt, fragt Martin sich, dann muss er spucken und tut es auf den Boden vor sich. Auch dem Hauswirtschafter auf die Schuhe.

Martin hört ein helles Lachen. Neben einem reichen Mann mit Pelzkragen, seiner Frau mit kantigen Gesichtszügen und hohlen Wangen sitzt ein Mädchen in steifem Kleid und lacht. Die Mutter schaut es an, sofort ist es still.

Ein Diener eilt herbei und wischt Martins Erbrochenes fort, wieselt auch mit einem Lappen über den Schuh des Hauswirtschafters, der den Diener ärgerlich zur Seite tritt.

Es entspinnt sich ein knappes Gespräch zwischen dem reichen Mann und dem Maler. Man ist sich einig, während Martin noch gegen das Parfüm atmet, und da geht der wilde Galopp auch schon weiter. Diesmal mit dem reichen Mann, seiner Frau und der Tochter voraus. So eine Eile hat Martin noch nie erlebt. Wo doch in diesen Räumen alles Zeit atmet und Muße.

Aber alle in Bewegung. Das reiche Mädchen, Vater und Mutter, der Maler, der Hauswirtschafter, Martin und ihnen folgend Diener, sie alle traben schweigend, mit raschelnder Kleidung und keuchender Atmung durch die stillen Flure. Eindrücke ziehen an Martin vorbei, keinen wird er bei sich behalten können. Nur vor sich das Bild des laufenden Mädchens an der Hand der Mutter. Die hohlen Wangen der Frau.

Sie kommen an. Ein anderer Raum nun. Wunderbares Licht. Martin erkennt ein Podest. So eines, auf dem er schon Modelle hat posieren sehen. Davor eine Staffelei, zahlreiche Materialien, eine bespannte Leinwand. Das fleckige Bündel des Malers wartet bereits.

Von der Anstrengung des ungewohnten Laufs schwitzend und schnaufend, nehmen der reiche Mann, die Frau und das Mädchen eine bereits abgesprochene Aufstellung ein. Die Mutter links. Der

Vater rechts. Etwas vorgerückt und abseits der Mutter steht das Mädchen. Zwischen den beiden gähnt eine Lücke. Jemand fehlt. Stattdessen ein seltsames Gerüst. Eine Art Bogen und eine Schulterpartie, das Gestell überragt das Mädchen um gut einen Kopf.

Der Maler hat sich ohne Umschweife an die Arbeit gemacht. Sanft, aber direkt kommen seine Anweisungen: das Kinn senken, die Wange zeigen. Aber die Herrschaften pumpen noch immer Luft, und die Stirnen sind schweißnass.

Sie bewegen sich wohl sonst nicht, denkt Martin. Da öffnet sich eine Tapetentür, die er zuvor gar nicht bemerkt hat. Diener schieben sich herein und tragen einen Jungen. Martins Alter. Er trägt einen hellblauen Anzug. Sein Haar ist dunkel und glatt. Es fällt ihm immer wieder ins Gesicht, aber er tut nichts dagegen. Die Arme hängen leblos an ihm herunter, die Fußspitzen schleifen über den Boden.

Man sieht, die Diener haben Mühe, das Kind würdevoll zu tragen. Ohne weiteres könnte man ihn wie einen Sack Kartoffeln schultern, aber da hätte wohl die Mutter etwas dagegen. Sie bringen den Jungen zum Podest. Martin fragt sich, ob er vielleicht die Kleidung dieses Kindes aufträgt. Da klappt der Kopf des Jungen nach hinten. Ein Band verläuft unter dem Kinn und einmal über den

Scheitel. Der Kiefer, denkt Martin, sie haben ihm den Kiefer hochgebunden. Da weiß er, der Junge ist tot.

Aber die Familie schaut wie versteinert zu den Fenstern hinaus, als wüssten sie nicht, was direkt neben ihnen geschieht, wie die Diener mit dem leblosen Körper ringen, bis sie ihn in das Gerüst geklemmt haben. Den Kopf in die halbrunde Vorrichtung. Schnallen sollen den Körper umgürten. Jetzt mit einem schmalen Kamm das Haar erneut richten. Dann lassen sie vorsichtig von dem Kind ab. Die Täuschung ist recht gut. Normal wirkt der Tote. Die eine Hand wird der Mutter auf die Schulter platziert.

Hörbar zieht die daraufhin Luft ein. Sagt dann: »Er hat dieselben Augen wie seine Schwester.« Der Maler nickt und beginnt zu arbeiten.

Jetzt versteht Martin die Eile. Die Not. Es muss gelingen, bevor der Leichnam verwest. Bevor alle den Verstand verlieren. Nun ziehen die Stunden vorbei. Ab und an wird Parfüm im Raum versprengt. Die Hand des toten Jungen rutscht immer wieder von der Schulter der Mutter. Anfangs springen noch Diener herbei, später übernimmt Martin die Aufgabe. Es macht ihm erstaunlich wenig aus. Während er es tut, entdeckt er am Hals des Jungen ein Mal, einen roten Ring, der um den Hals verläuft. Er weiß, das ist die Spur eines Seils, die hat er beim Bauern Wittel schon einmal gesehen. Den er gefunden hat, im Wald. Niemand scherte sich darum, der Seidel sagte, der hat sich erhängt, weil er seine Eier in der Hose nicht mehr gefunden hat.

Stunden verrinnen. Dem Maler wird Wein gebracht. Brot und Käse. Diener füttern die Familie mit Kuchenstücken. Wedeln ihnen Krümel von den Krägen, lästige Fliegen von der Nase, bringen ihnen löffelweise Wasser.

Als das Tageslicht schwindet, werden Kerzenleuchter gebracht. Hunderte von Kerzen erhellen nun die Staffelei und die Familiengruppe. Eine bleierne Wärme erstickt die Luft. Den Porträtierten fallen die Augen zu. Das Mädchen hat sich hingesetzt und bei der Mutter angelehnt. Auch Martin schläft jetzt immer wieder ein, wacht dann erschrocken auf und reißt sich empor, hört und sieht aber den Maler noch arbeiten, was ihn beruhigt und zurück in den Schlaf führt.

Irgendwann jedoch nicht mehr. Da weckt ihn die Stille.

Das reiche Mädchen schläft nun langgestreckt auf dem Podest, der Mutter ist das Kinn auf die Brust gesunken. Der Vater schnarcht. Der tote Sohn sieht von allen am lebendigsten aus. Seine

Haut schimmert. Das Schattenspiel macht glauben, er bewege sich, atme, lächle vielleicht und zwinkere Martin zu. Der drückt den Hahn an sich. Er möchte aufstehen und das Bild anschauen. Der Maler ruht im Sitzen, die Arme vor der Brust verschränkt.

Da öffnet sich leise die Tapetentür. Wie schon so oft an diesem Abend erscheint einer der zahllosen Diener, die sämtlich gleich gekleidet sind, von ähnlicher Statur und Größe, nicht erinnerbar unterschiedlich, denn so wurden sie ausgewählt. Er kommt hereingetippelt, nur dieser eine, und hat die Schuhe ausgezogen.

Martin rührt sich nicht und schließt die Augen. Öffnet sie wieder, als er den Diener nicht mehr in seiner Nähe glaubt. Der Mann flüstert zu sich. Es klingt gehetzt, rachsüchtig und verrückt. Er nimmt einen der Lüster, wendet sich den Fenstern zu und hält die Flammen ohne zu zögern gegen den Gardinenstoff.

Sofort fressen sich die Flammen hinauf und an die Decke. Der Diener ist bereits am nächsten Fenster und am übernächsten und hat so schnell die Runde gemacht, dass Martin fast kein Schrei entweichen kann. Aber doch. Und den hat der Mann gehört.

Mit ausgreifenden Schritten kommt der Diener nun quer durch den Saal. Wie besessen rennt er auf

Martin zu und würgt dabei einen Ton hervor, einen schlimmeren Klang hat Martin nie gehört. Er streckt die Arme nach dem Kind aus.

Gleich bringt er mich um, denkt Martin und steckt in seinem Körper fest wie in einer Rüstung.

Aber da wirft sich der Hahn dazwischen, reißt den Schnabel auf und kreischt, dass es einem durch Mark und Bein geht. Er kreischt und hackt auf den Diener ein, der sofort beidreht und, noch ehe jemand reagieren kann, durch die Tapetentür entweicht. Postwendend strömen nun andere Diener herbei und schon könnte niemand mehr sagen, ob der Brandstifter unter diesen ist oder geflohen.

Derweil erwachen die Schlafenden zäh und kraftlos in der Hitze der Flammen und dem Knistern.

Der Vater nimmt das Mädchen auf den Arm, während die Mutter den toten Jungen aus der Arretierung zu lösen versucht. Aber die Schlingen lassen sich nicht öffnen. Sie zerrt an ihrem toten Kind, bis sie aufgeben muss. Zwei Diener retten indessen das Bild. Ein riesiges Durcheinander entsteht. Wassereimer werden gegen die Flammenwände geworfen, aber niemand weiß so recht, wohin zuerst, und keiner führt das Kommando. So dass sich die identisch wirkende Dienerschaft in einem wirkungslosen Ballett zwischen Rauch, zischenden Flammen und Wasserpfützen um die eigene Achse dreht.

Ein leichter Wind verteilt die sprühenden Funken schließlich über das gesamte Anwesen. Nach weniger als einer Stunde gibt es keine Hoffnung mehr.

Rußgeschwärzt und erschöpft sind alle hinaus. Von der großen Wiese aus blicken sie stumm auf den lodernden Bau. Die Reichen sind nicht länger reich. Sie sind ebenso verdreckt wie die Dienerschaft. Von denen verlässt einer nach dem anderen den Garten. Sie schlurfen davon. Werfen ihre Perücken in die Hecke, streifen die engen Jacken ab. Die Lehrer gehen. Die Köche. Die Kutschfahrer, als Letzter geht der Hauswirtschafter. Beim Anblick des zerstörten Heims weint das Mädchen.

»Ihr könnt doch mit uns gehen«, sagt Martin zu ihr. Aber ihre Blicke streifen nur flüchtig sein Gesicht.

»Komm«, sagt der Maler. »Es gibt nichts mehr zu tun.«

Als Martin sich ein letztes Mal umschaut, stehen die drei noch immer. Das Gemälde halten sie zwischen sich und sehen den Mauern beim Einstürzen zu.

14

Nachts wird es nur noch für eine kurze Zeit dunkel, dann dämmert bereits wieder der Morgen. Immer ist der Himmel rosa, die Tage werden heiß. Einer nach dem anderen.

Sie leiden oft Hunger. Schlimmer ist der Durst. Jetzt ist überall Krieg, und niemand braucht ein Bild.

»Was nicht heißt, dass keins gemalt werden müsste«, sagt der Maler und malt mit den Farben, die er noch hat, auf den Blättern, die ihm noch geblieben sind. Schließlich sind alle Papiere verbraucht. Er malt auf Holz weiter, auf Steinen, dann gehen ihm die Farben aus. Zuerst das Blau. Dann das Gelb. Am Ende sind die Malereien nur noch rot und dann nicht mehr. Der Maler hat sein Werkzeug verbraucht.

»Jetzt bin ich nackt«, sagt er und schaut ins Leere.

»Können wir neue Farbe holen?«, fragt Martin.

»Irgendwo wird es wohl noch welche geben.«

»Dann besorgen wir dir, was du brauchst.«

Der Maler sagt nichts.

Sie bleiben den Städten fern, begegnen aber in den Wäldern immer wieder Heimatlosen, die wie sie zwischen den trockenen Bäumen wandern. Einmal begegnen sie Frau und Tochter. Die Mutter wirkt halbtot vor Angst. Unablässig fragt sie nach einem Messer. Sie brauchen lange, bis sie herausfinden, was die Frau will. Erst dann geben sie es ihr und schauen zu, wie sie ihrer Tochter die Haare abschneidet. Sie bettelt Martin um seine Hosen an, damit das Mädchen wie ein Junge aussieht und ihm vielleicht das Schlimmste erspart bleibt.

»Dafür bin ich ja noch da«, sagt sie.

Der Maler sagt nichts.

»Bitte«, fleht die Mutter Martin an. Tränen laufen ihr über die Wangen, aber ihr Gesicht weint nicht. Die Traurigkeit läuft einfach aus ihr heraus, als gäbe es ohnedies kein Ende. Wo sind denn wohl auch der Mann und die anderen Kinder.

Die Toten liegen überall. Sie liegen in den Büschen, wie Beeren kann man sie finden. In den Städten werden sie gestapelt und verbrannt. Martin weiß, dass er andere Hosen finden wird. Er gibt seine dem Mädchen.

Dieser Durst. Der Maler flucht viel und behauptet, es läge daran. Es ist aber wegen der fehlenden

Tätigkeit als Maler, das weiß Martin genau. Bald schon spricht der Maler nicht mehr mit dem Kind. Ohne ein Wort stapft er durch die trockenen Wälder und über die ausgedörrten Felder, in denen die Kartoffelkäfer nur so wimmeln und alles, was noch da ist, niederraspeln. Er achtet nicht mehr darauf, ob Martin Schritt hält.

Den Hahn gilt es jetzt unablässig zu verstecken. Jeder, der ihnen über den Weg läuft, hat hohle Wangen, und die Augen glänzen im Fieber. Sie würden einander umbringen, um den Hahn zu fressen. Warum fressen sie da eigentlich nicht gleich einander. Wahrscheinlich tun sie es längst.

Die schrecklichen Tage zerschleißen alle Liebe, Geduld und Geborgenheit zwischen dem Maler und dem Jungen. Das Vertrauen ist löchrig. Immer öfter erschrickt Martin, weil der Maler lautlos hinter ihn getreten ist und mit ödem Blick auf ihn und das Tier auf seinem Schoß starrt. Eines Nachts wacht Martin auf, und da steht der Maler über ihm, schwebt sein Kopf mit dem wirren Haar wie schwarzes Unheil gegen den Sternenhimmel. In der einen Hand hält er einen schweren Stein.

»Was tust du?«, flüstert Martin voller Angst.

Er hört, wie der Maler mit den Zähnen knirscht.

»Was tust du?«, fragt er erneut.

Aber mag sein, er hat es gar nicht mehr gesagt,

denn sein Herz schlägt so schnell, er hört sich gar nicht.

Den Maler reißt es herum. Er rennt davon, rennt ins nächste Gebüsch, dass die Äste knacken. Und auch Martin springt auf und rennt sofort los. In die andere Richtung, fort von dem Maler, den er liebt.

Er hat die übermenschliche Anstrengung gesehen, die es den Maler gekostet hat, ihm und dem Hahn nicht den Schädel einzuschlagen. Noch nicht.

Also muss Martin von ihm fort.

Er rennt, bis er Blut hustet. Und er läuft, bis er nichts mehr weiß.

15

Martin findet einen Fluss und am Ufer ein Boot. Es gibt nur ein Ruder, aber er versteht ohnehin nichts vom Rudern. Er kann auch nicht schwimmen, weiß nichts von Flüssen, Strömungen.

Er zögert noch, ehe er das Boot besteigt. Aber ein unverkennbarer Ton aus den Wäldern bestärkt ihn. Auch der Hahn hat es gehört. Menschen.

Martin stößt das Boot vom Ufer ab und legt sich auf den Boden.

Bäume gleiten in sein Blickfeld. Er sieht Blätter, die in der Sonne glitzern, und versucht die Leichen zu vergessen, die in den Wäldern verfaulen oder auf den Wiesen vertrocknen. Er will nicht mehr an die abgenagten Pferdeknochen denken, die durstenden Kinder, die geschändeten Frauen und verstümmelten Männer.

Er hält den Hahn umschlungen und lässt sich den Fluss hinabtreiben. Der Maler hat einmal gesagt, alle Flüsse wollen zum Meer. Es schafft nur nicht jeder. Er hat das Meer auf Gemälden gesehen.

Stürmische See auf Bildern der Reichen. Graues Wasser. Dann blau und glatt. Weiße Vögel darauf. Boote und Menschen.

»Hahn«, sagt Martin. Er ist so erschöpft und müde. Er braucht nicht zu sagen, dass er Angst hat.

»Du musst weitersuchen«, sagt der Hahn.

»Die Aufgabe ist zu groß.«

»Die Aufgabe ist mit dir in die Welt gekommen, und jetzt passt sie dir wie angegossen.«

»Wer hat sie mir in die Wiege gelegt?«, fragt Martin.

»Du hast keine Wiege gehabt. Und dauernd hast du geweint. Wahrscheinlich hast du um dein Schicksal schon gewusst. Oder das der anderen.«

»Erzähl mir«, sagt Martin.

»Wie sie dich geliebt haben«, sagt der Hahn. »Die ganze Zeit haben sie dich getragen. Kein Gedanke, dir zu schaden.«

Martin hat immer geglaubt, ganz ohne Liebe gewesen zu sein. Ob es in seiner Erinnerung an den Vater auch ein Bild geben mag, das den Mann nicht nur während der Tat zeigt. Aber jenes steht unverrückbar allen anderen Erinnerungen im Weg. Das erhobene Beil und der verzerrte Ausdruck im Gesicht. Fünf Hiebe. Fünf Treffer. Was soll dahinter liegen. Niemals wird Martin an diesem Grauen vorbeisehen können.

Sie treiben dahin.

Wenn er über den Rand des Bootes lugt, trägt die Strömung ihn an Bäumen vorbei, in denen Kinder wie Eichhörnchen hocken und verschwörerisch die Finger an die Lippen legen. Denn zwischen den Wurzeln liegen derweil die Banditen bäuchlings im Fluss und trinken mit dem Wasser auch das Blut, das aus ihren Wunden schwemmt.

Es kommt vor, dass eine Kuh mit aufgedunsenem Bauch an Martins Boot vorübertreibt und er sich an einem Huf festklammert, damit das Boot dahinter verborgen ist.

Der Fluss fließt bergauf. Tal und Hügel wechseln einander ab. Morgens hängt der Nebel tief. Feuchtigkeit auf Martins Wangen und Haaren, die Kleidung klamm. Mittags verbrennt ihn die Sonne.

Einmal wird der Fluss dann seicht, macht eine Biegung, und hinter dieser Biegung stehen vier Pferde im Wasser. Das Boot treibt auf sie zu, am Ufer die dazugehörigen Männer. Schon läuft der Kiel auf Grund. Ein Entrinnen unmöglich.

Reiter. Die schwarzen Mäntel zurückgeschlagen. Die Ärmel hochgeschoben. Sie nehmen Fische aus. Schlitzen die Bäuche mit ihren Siegelringen, graben mit den Fingern Gedärme heraus, waschen die hohlen Bäuche im Fluss und gucken dumm, als sie Martin erblicken.

Ein Reiter stampft heran. Rasch schiebt der Junge den Hahn unter das Sitzbrett.

»Sieh an«, sagt der Reiter und lüpft Martin am Kragen aus dem Boot. »Komische Fische heute«, ruft er den anderen zu. Man lacht ergeben. Kann ja nicht jeder zum Spaßmachen geboren sein. Die Langeweile ist groß.

»Zum Braten zu mager«, sagt ein anderer. »Wirf ihn zurück.«

»Ich kann aber nicht schwimmen«, sagt Martin gleich.

»Verflucht, der Fisch kann sprechen«, sagt der Mann und lässt Martin auf den Boden krachen. Augenrollen ringsum.

Martin kommt stöhnend auf die Beine. Die Reiter wissen nicht recht. Der Junge nutzt den Augenblick für sich.

»Ich möchte auch Reiter werden, so wie ihr«, sagt er. Er hat nur diese Chance.

Die Reiter staunen einander an. Loslachen müsste man jetzt. Eigentlich. Aber die Reiter sind einfache Männer. Da haben nicht sehr viele Gefühle gleichzeitig Platz. Gerade ist man noch beim Staunen. Alles andere danach.

»Was muss ich denn tun, um Reiter zu werden?«, fragt Martin mit seinem rührenden Mut.

Einer räuspert sich. »Junge, lass mal deine Augen

sehen. Guck mal grimmig. Nee, das kannst du vergessen. Augen wie ein Heiliger«, sagt er. Denn alles in Martins Augen ist gut und ruhig.

Nun kommt Bewegung in die Reiter. Interesse ein bisschen.

»Du musst kämpfen können«, sagen sie. Einer zieht sein Schwert. Der andere gibt Martin seins. Die Klinge kriegt das Kind nicht mal vom Boden. Sie lachen. Zwei Stöcke schnell als Schwertersatz, nun heb die Waffe, Junge. Aber Martin hebt auch den Stock nicht, obwohl sie ihn jetzt piken und ein wenig schubsen. Er tut nicht mit.

»Ich kämpf mit Worten«, sagt Martin.

»Au ja«, sagt einer. »Dafür brauchst du dann aber kein Pferd und keinen Umhang.«

»Was muss ich denn noch können?«

Gelächter, dann Schweigen. Sie überdenken ihre Fertigkeiten. Vielleicht ist die Decke dünner, als sie dachten. Saufen und Huren wollen sie nicht recht anführen, obwohl ihnen dabei so schnell keiner was vormacht. Es täte jetzt gut, das Kind in den Fluss zu werfen und es eine Weile unter Wasser zu treten. Wen kümmert wohl auch so ein verwahrlostes Jüngelchen.

Wie merkwürdig kommt es Martin derweil vor, dass die Reiter so schwerfällig denken und handeln. Ein Reiter, der Kinder raubt, muss der nicht unheimlich sein, lautlos und schnell? Klug in jedem Fall. Auf diese aber trifft das nicht zu. Sind sie womöglich nur Tarnung für den einen, den echten Reiter?

»Was denn nun?«, fragt einer.

»Groß muss er werden«, sagt ein anderer. »So groß wie wir. Wir gleichen einander.«

»Ich gleich dir nicht.«

»Sicher tust du das. Ich gleich dir, und du gleichst mir.«

»Aber ich war zuerst da.«

»Das träumst du Hund.«

Schnell ist Streit da. Ja, jetzt ist Martin sicher, dass diese Männer mit den Kindsentführungen nichts zu tun haben. Die könnten ja aus seinem Dorf stammen. Mühsam ist das, immer wieder den gleichen Idioten zu begegnen. Als ob die ganze Welt voll davon wäre, ganz gleich, wohin sich Martin auch wendet. Schon hat der eine dem anderen das Nasenbein gebrochen. Sie ringen und kugeln ins Gebüsch. Die zwei anderen holen schon mal die Pferde.

»Bitte. Ich muss mit«, bettelt Martin, wird aber abgeschüttelt.

»Einer von uns ist noch da«, sagt der Reiter und steigt auf sein Pferd. »Den haben wir verloren. Da hinten in dem Wald.«

Martin wird sofort hellhörig. »Warum holt ihr ihn nicht?«, fragt er.

»Werwölfe«, sagt einer und steigt auf sein Pferd, erzählt dann von oben herab, während das Leder seines Sattels knirscht. »Die fressen dich bei lebendigem Leib. Bei den Füßen fangen sie an. Bis rauf zu den Oberschenkeln nagen sie dir die Knochen blank. Aber das überlebst du noch. Sie heben sich den Rest für den nächsten Tag auf. Stell dir vor, du schaust die ganze Nacht auf deine eigenen Scheißknochen. Und weißt, am nächsten Morgen fressen sie dich ganz.«

»Und die Schmerzen«, wirft ein anderer ein. »Immer vergisst du das mit den Schmerzen.«

»Kann ja nicht jeder so eine Memme sein wie du.«

»Der ist verloren, Junge. Und er war es schon, als die alte Hexe es ihm prophezeit hat.«

»Du machst dem Kind ja Angst«, witzelt einer.

»Ich hab keine Angst«, sagt Martin.

»Dann geh ihn doch retten. Du willst ein Reiter sein, dann hol ihn oder nimm seinen Platz ein, wir haben zu tun.«

»Aber seine Alte krieg ich«, meldet sich einer aus dem Gebüsch.

»Was du glaubst«, sagt der andere.

»Nehmt mich mit«, fleht Martin.

Die Pferde umtanzen das Kind. Es hascht nach den langen Mantelsäumen, versucht die Sättel zu erreichen. Ein Heulen tönt aus den Wäldern. Den Reitern bleibt das Lachen im Halse stecken. Die Angst. Die Scham. Sie haben ihn ja im Stich gelassen. Sind einfach davon, als die Wölfe kamen und sie den Verletzten noch im Unterholz suchten. Genau wie jetzt. Sie treiben den Pferden ihre Stiefel in die Flanken und sprengen los. Soll der Herrgott über sie richten, den Teufeln laufen sie heute davon.

16

Martin folgt dem Wolfslaut. Der Wald ist starr und dicht. Sofort umfängt ihn modrige Dunkelheit. Garstiges Unterholz hält sich an ihm fest. Brennnesseln stehen mannshoch. Waldameisen schrauben sich in Spiralen die Bäume hinauf. Im Laub raschelt es, und dahinter liegt eine Stille, tief und beängstigend, als halte der Wald den Atem an, bis Martin ganz von ihm verschlungen sein wird.

Legt er den Kopf in den Nacken, ist der Himmel nicht zu sehen, so dicht weben die Baumkronen ihr Blattwerk.

»Warum fürchte ich mich?«, fragt Martin.

»Du kommst deiner Bestimmung näher«, sagt der Hahn.

»Hab ich denn keine Wahl?«

»Bis du stirbst nicht.«

»Ob der Reiter überhaupt noch lebt? Ob ich ihn finde?«

Der Hahn sagt nichts.

Als es dunkelt, nimmt das Wolfsgeheul zu. Klingt näher.

Martin richtet seine Schritte danach aus, wird langsamer und vorsichtiger, bis die Äste unter seinen Sohlen nicht mehr knacken.

Dann flackert Lichterschein dem Kind aus einer Senke entgegen. Martin duckt sich und rutscht auf Knien weiter. Menschliche Stimmen sind zu hören, Gelächter jetzt und grobe Reden. Grölen und Halbgesungenes. Martin kriecht vorsichtig näher und lugt über den Rand der flachen Senke, erblickt ein Lagerfeuer, das seinen Abglanz auf eine Gruppe Menschen wirft. Frauen, Männer. Umgeben von Kleiderbündeln. Menschenbündeln. Kisten. Fässern. Unrat. Sie fuhrwerken geschäftig und sinnlos, besoffen und lachend in dem Diebesgut herum, das sie angehäuft haben, untereinander aufteilen, darauf pissen, alles Würdevolle vergessen. Fleischbrocken werden über dem Feuer geröstet. Fett zischt in der Glut. Es stinkt entsetzlich.

Martin ballt die Fäuste. Ihm wird übel.

An einen Baum gekettet zittert ein Wolf. Er blutet aus dem Maul. Immer wieder stimmt er seine Klage an. Ruft nach seinem Rudel. Die Menschen lachen. Kurz glaubt Martin, der Ruf sei umsonst. Aber er irrt, denn auf der anderen Seite der Senke halten sich die Wölfe verborgen und still. Warten.

Noch können sie nichts tun und nicht helfen. Es wären genug. Sie könnten alle dort unten in die Flucht schlagen.

Warum tut ihr nichts, möchte Martin fragen. Da heben sie die grauen Köpfe und schauen das Kind kurz an, wenden die Köpfe wieder hinab zu dem Artgenossen.

Martin folgt ihren Blicken und entdeckt erst jetzt, auf den Wink der Tiere hin, den Reiter im Gras. Angeleint und schwer verletzt. Sein schwarzer Umhang glänzt vor Blut. Halb aufgerichtet lehnt er an einem Baumstamm. Der Kopf ist zur Seite gesackt. Einer der Männer spuckt ihm Schnaps ins Gesicht. Da zuckt der Reiter. Lebt also noch.

Messer werden gewetzt. Fleisch wird zerteilt. Dem Wolf wird etwas davon hingeworfen, er rührt es nicht an.

Martin hat jetzt nicht nur Angst, sondern auch große Wut. Dass er den Reiter retten muss. Dass er das Schrecklichste sehen muss. Warum muss er finden, was niemand finden will. Warum muss er wissen, dass die Menschen selbst schlimmer sind als alle Dämonen, vor denen sie sich grausen. Martin weint. Er möchte umdrehen und fortlaufen.

Da schmiegt der Hahn seinen Kopf an die Wange des Jungen.

»Eines Tages«, flüstert der Hahn. »Eines Tages

wirst du hier gewesen sein. Eines Tages wirst du wissen, wie alles ausgegangen sein wird. Eines Tages magst du Alpträume haben, denn alles wird entsetzlich gewesen sein. Aber du wirst auch erzählen können, wie einfach es gewesen sein wird. Und dass nur du es konntest.«

»Einfach«, flüstert Martin und kneift die brennenden Augen zusammen.

»Einfach«, wiederholt der Hahn. »Denn alle sagen, ich sei der Teufel.«

Da legt sich im Begreifen ein taubes Band um Martin und all seine Handlungen. Er hört nur noch seinen eigenen Herzschlag. Er hört und sieht nur noch, was er tut, weil nur er es tun kann. Die Teufel. Die Ängste. Den ekelhaften Menschen, die dort tanzen und sich im Suff gegenseitig ins Feuer schubsen, denen soll ihr ganzer verdammter Aberglaube um die Ohren fliegen.

Er senkt die Hände in die feuchte Erde der Schatten und wird selbst zu einem. Malt sich das helle Gesicht an. Sucht ein paar große Stecken, die er unter gestürzte Baumstämme schiebt und unter die losen Gesteinshaufen am Rand der Senke. Setzt sich nun den Hahn auf die Schultern.

Dann sein Schrei. Schrill und unerträglich. Das Elend seines kurzen Lebens hat darin Raum. Denen dort unten fährt der Laut wie Eiswasser in die

Glieder. Die Haare stehen ihnen zu Berge, und für einen Moment hält alles inne. Sie starren auf das Wesen mit Armen und Flügeln, dem doppelten Schrei aus zwei Kehlen. Die Erde beginnt zu beben. Baumstämme poltern in die Senke. Gesteinsbrocken überrollen das Lager. Treffen den einen oder anderen. Zerschlagen einen Fuß, zerhauen ein Gesicht. Der Teufel saust heran, zerkratzt Köpfe und kräht Verwünschungen.

»Baal! Baal!«, kreischen die Menschenfresser.

Im nächsten Moment sind die Wölfe da. Wie aus dem Nichts springen sie Männern und Frauen an die Kehle. Ob der Hahn ihnen Befehl gegeben hat, Martin weiß es nicht. Wer noch rennen kann, der flieht. Wird verfolgt, gejagt, vielleicht zur Strecke gebracht. Das Heulen treibt von der Senke fort und taumelt in die Wälder.

Dann sind sie fort. Übrig nur noch die Toten und Verletzten. Bebend umrundet Martin die Erschlagenen, weicht noch zuckenden Händen aus, hört nicht auf das Röcheln der Sterbenden.

Er findet den Reiter, kniet bei ihm. Und der schaut den Jungen an. Er kennt ihn. Der ist ihm schon einmal begegnet. Der Reiter klappert mit den Zähnen. Ist das die Furcht? Martin kniet sich zu ihm. Unter all dem Schlamm sein liebes Gesicht.

»Keine Angst«, sagt er ruhig. »Keine Angst.«

17

Den Riemen des Pferdes hält Martin fest umklammert. Seine Fingerknöchel sind gesprungen, rauh und blutig. Das Pferd kaut auf den Zügeln und ruckt den Kopf auf und ab. Schaum tropft auf Martins klamme Hand. Der Reiter hängt im Sattel und stöhnt.

Seit dem Anstieg auf dem schmalen Weg knöchert sich die Burg aus dem Fels empor. Die obersten Zinnen kratzen an den Wolken. Darüber schroffer Himmel. Der Wind ist scharf, als könne er Metall schneiden. Obwohl Sommer ist. Wie mag dann erst der Winter sein. Martin zieht die Schultern hoch. Das Pferd geht schon von allein. Der Huf kennt jede Biegung des Pfades hangaufwärts.

Die Burg fremd und kalt. Ein ruppiger Klotz mit schmalen Fenstern. Nicht eigentlich wehrhaft, aber hier oben will ohnehin niemand sein. Von hier, denkt Martin, kommt alles Unheil in die Welt.

Sie erreichen das offene Tor. Martin führt das Pferd durch den Torbogen. Die Steine sind rutschig. Das Pferd kommt aus dem Tritt, der Reiter ächzt. Dann stehen sie im Hof, und hier beginnt sogleich das nötige Elend. Häuser, Tiere und Volk, das es auf Burgen braucht.

Ganz ohne Glanz ist alles. Im Schatten der Burgmauern haben sich Häuser wie eine Plage angesammelt. Auf engstem Raum ist eine ganze Stadt gewachsen.

Schweine grunzen sich durch Pfützen. Hühner staksen im Dreck. Schon kommen die ersten Neugierigen, die Kind und Reiter entdeckt haben. Martin muss nichts erklären und wird auch nicht gefragt. Man kennt den Reiter. Man hilft ihm vom Pferd. Alle helfen ihm plötzlich vom Pferd und tragen ihn so hastig davon, dass Martin Mühe hat, dranzubleiben. Es ist sein Reiter. Er hat ihn sich verdient.

Eine Frau kommt angerannt, Kinder dabei, sie schlägt die Hände an den Mund. Erstaunt und froh, entsetzt und ängstlich. Alles zugleich. Das muss seine Frau sein. Das seine Kinder. Die hängen ihr an den Röcken, sie kommt nicht recht voran. Der vor Schmerzen halbtote Reiter ist ihr unerreichbar. Da nimmt Martin wie selbstverständlich das kleinste der Kinder auf den Arm und folgt so der Gruppe, die sich um die Frau und den Verletzten schließt. Dranbleiben muss er. Einfach nur dranbleiben. Die Gruppe zieht zwischen den engen Häusern herum. Wäsche hängt zum Trocknen über ihren Köpfen.

Aber warum lebt ein Reiter in so einem jämmerlichen Verschlag? Kaum dass alle hineinpassen, um ihn aufs Bett zu legen. Mit ihren Hinterteilen fegen die Neugierigen Töpfe vom Herd und Stühle um. Die Kleinen werden fast zertreten. Eine Katze springt giftig fauchend von Genick zu Genick.

Abgeladen auf der Bettstatt, weichen alle vom Reiter zurück. Jetzt hat die Frau Gelegenheit, zu ihm zu treten. Kurz legt sie ihm die Hand an die Wange. Wohl ist er schmal geworden auf seinem Lager im Wald. Jemand hat nach dem Arzt gesandt. Die Frau öffnet den Verband, entfernt den Blätter- und Kräuterbrei, den Martin auf der Wunde verteilt hat. Wirkt beim Anblick der Wunde verblüfft. Nickt anerkennend.

»Welche Kräuter hast du verwendet?«, fragt sie den Jungen. Das alte Wissen. Martin wippt das Kind auf der schmalen Hüfte.

Schon ist der Arzt da und verschafft sich Platz. Er hat gerade gegessen und bohrt sich in den Zähnen. Als Erstes riecht er an der Wunde. Seine Nase ist rot und versoffen, ein Tropfen hängt daran. Martin hat Sorge, der Tropfen könne in der Wunde landen, und er weiß, dem Arzt ist es egal, wie gut inzwischen alles geheilt ist, denn gleich wird er im Fleisch des Reiters herumwühlen, um nach dem heilbringenden Eiter zu forschen. Auch so ein Märchen, wie Martin weiß. Die Infektion wird von neuem ausbrechen und der Reiter unrettbar verenden. Ebenso gut könnte der Arzt die Reste seines Mittagessens in die Wunde würgen. Aber was soll Martin erklären? Niemand wird ihm zuhören. Stattdessen sinnt er auf Ablenkung.

»Ich habe ihn im Wald gefunden«, sagt er. »Ich glaube, ein tiefer Schwertstich in die Seite.« Und lässt offen, ob es Feinde waren oder die anderen Reiter.

»Martin heiße ich«, sagt Martin, und seine Stimme wird hoch, weil er sieht, wie der Arzt bereits die Ärmel krempelt, als könne er damit noch irgendetwas ausrichten, wo doch der ganze Dreck unter seinen Fingernägeln klebt, in seinen Hautfalten, einfach überall.

»Und ich habe die Wunde versorgt.« Panik lässt Martins Stimme zittern. »Ich habe ihn nicht sterben lassen, aber es hat lange gedauert, bis er wieder auf das Pferd kam, so dass ich ihn herbringen konnte.«

Er wirft der Frau einen flehenden Blick zu. Die fängt ihn auf, versteht und schließt rasch den Verband um die Wunde, der Arzt schaut entrüstet, aber sie kann ihn besänftigen. Nebenan die Tante, die hat ein tolles Furunkel. Stattlich und überaus ekelhaft. Bestünde da vielleicht Interesse? O ja, das will er sich noch viel lieber anschauen als einen herkömmlichen Schwerthieb. Etwas Abwechslung. Oben auf der Burg gibt es nur Verstopfung und den Husten der Fürstin.

»Jaja«, sagt die Frau und schiebt ihn hinaus. »Ein Furunkel groß wie ein Lämmerkopf.«

Gleich bedankt sie sich auch bei den Nachbarn. Winkt und nickt, bis alle draußen sind. Dann schließt sie die niedrige Tür. Fast dunkel ist es jetzt hier drin. Die Frau nimmt Martin das Kind von der Hüfte.

»Wir dachten, er kommt nicht mehr«, sagt sie.

»Haben sie uns deswegen in diesen Stall gepfercht?«, fragt der Reiter. Halb im Bett aufgerichtet.

Die Frau schaut auf ihre Finger. Die haben einmal Damast bestickt, Teetassen gehalten und die Saiten einer Laute gezupft. Nun schrubben sie nur noch den Boden und die Töpfe, schälen Kartoffeln, tagein, tagaus Kartoffeln, schneuzen die Rotzglocken von Kindernasen und stehlen den Hühnern die Eier aus den Nestern. Und müssen von nun an den Reiter pflegen, der nie wieder gesund werden wird. Sich nicht mehr davon erholen wird, wie er im Wald gelegen hat und aus ihm das Leben ins Moos gesickert ist. Der nicht vergessen kann, wie das Kind das Grauen gegeben hat, als gäbe es keinen anderen Spuk mehr in der Welt.

Martin sieht dem Reiter an, er kann nicht dankbar sein.

Der Reiter will seiner Frau nicht zur Last fallen. Er liebt seine Kinder und will ihnen Vorbild sein und stark. Nicht stöhnend auf einem Lager, mit Wunden, die ihn zeitlebens quälen werden. In einer Hütte, in die man seine Familie verstoßen hat, lebte man doch zuvor in Zimmern auf der Burg. Jeden Morgen der Gang zu den stolzen Pferden in den Stallungen. Ein gutes Leben. Und nun.

Martin empfindet kein Mitleid für den Reiter. Der Preis für sein gutes Leben waren die gestohlenen Kinder. Wie viele hat er wohl entführt?

»Er bleibt nicht«, sagt der Reiter.

»Er bleibt«, sagt die Frau und zieht Martin nahe zu sich.

»Nachts ist es am schlimmsten«, wispert Martin.

»So ist es immer«, sagt sie.

»Ich habe ihm dann die Sterne gezeigt.«

»Danke, dass du ihn mir zurückgebracht hast.« Sie weiß, es wird nicht leicht. Aber er ist da. Und das ist besser, als wäre er es nicht.

»Du kannst bei uns bleiben. Wir richten dir ein

Bett«, sagt sie. »Neben dem Ofen. Dann hast du es gut.«

Martin lächelt. Und als er sich später auf seinem Lager zusammenrollt, fühlt er sich recht wohl. Er schläft mit den Atemgeräuschen der anderen Kinder ein, und als in der Nacht der Reiter mit gellenden Schreien die Frau aufweckt und gleich die halbe Stadt, da schläft Martin das erste Mal seit vielen Nächten ruhig und geborgen weiter und wacht nicht auf. So tief ist sein Schlummer. So groß die Erschöpfung.

18

In den Morgenstunden gibt es einen Tumult.

»Luzifer!«, ruft es aus den Häusern. »Die Dämonen! Herrgott, jetzt kommen sie durch die Decke!«

Martin springt sofort auf. Hier die Bettstatt, der Kessel, er stößt Holzscheite um.

Doch das eigentliche Getöse kommt vom Dach, auf dem es klappert und meckert, lautes Scharren und ein Poltern, dann bricht ein Huf durch das Dach und bleibt stecken.

»Zeigt sich der Verfluchte!«, stöhnt der Reiter leichenblass.

»Die Teufel!«, kreischt es von draußen.

Die Frau beruhigt die weinenden Kinder. Sie hat keine Angst. Der Huf zappelt über dem Ofen. Martin besieht ihn sich genau. Eine Ziege, nichts weiter, denkt er.

»Frau!«, ruft der Reiter.

»Nur der verdammte Thomanns«, sagt die Frau.

Martin aber stürmt aus der Tür, draußen ist der

Himmel grau. Fluchen tönt aus der Reihe niedriger Häuser. Und tatsächlich sieht Martin ein paar Ziegen, die über die Dächer trappeln. Aus dem eigenen Dach ragt der Leib eines Ziegenbocks hervor. Ein langes, dürres Tier, das mit dem Huf eingebrochen ist und nun ruckend versucht, sich zu befreien.

Aus dem feuchten Nebel springt eine Gestalt herbei, blickt von oben auf das Kind.

»Gestatten«, sagt der Mann, »der Thomanns«, und zerrt die Ziege an den Hörnern aus dem Dach. Im Haus klappern die kaputten Hölzer auf den Boden.

»Morsches Weideland heute Morgen«, sagt der Thomanns entschuldigend und wirft den Ziegenbock vom Dach. Der schlägt hart neben Martin auf, berappelt sich aber rasch wieder und glotzt Martin aus drei kalten Augen an. Der Thomanns lacht, treibt auch die anderen Ziegen zusammen, schmeißt alle von den Dächern, aus denen noch Rufe nach dem Allmächtigen dringen. Springt dann selbst herab.

Groß ist er, mit lockeren Gliedmaßen in zweifarbigen Hosen. Martin starrt ihm nach, wie er im Schatten der Burg verschwindet.

»Der Spaßmacher«, erklärt die Frau später, als Martin sie nach ihm befragt.

Der Schaden ist nicht groß. Martin deckt das Loch ab.

»Es wird so gehen«, sagt er dem Reiter.

»Bis ich es richtig mache«, sagt der Reiter.

»Bis du es machst«, sagt Martin.

»Bis ich wieder hinaufkann.«

»Ja.«

19

Der Hahn ist an diesem Morgen munterer als sonst, und zu Martins Verwunderung zieht er es vor, allein unterwegs zu sein. Der Grund ist dann allerdings doch schnell erkannt, einige Hühner sind in der Nähe.

Martin geht nun seinerseits eine Runde. Da merkt er schnell, die Sache mit dem Reiter und ihm hat sich herumgesprochen. Zwischen Argwohn und Bewunderung schwanken die Burgdorfbewohner, wenn sie ihm begegnen. Es wird Verbündete brauchen, um das zu überleben.

So nimmt er den Weg zum Burgtor. Der Wachposten mit Lanze und Schwert kaut an einem Apfel. Martin tritt hinzu. Sofort senkt sich die Lanze in seine Richtung. Der Wachposten schüttelt den Kopf.

»Darf man nicht hinein?«, fragt Martin.

»Da kann ja jeder kommen«, sagt der Wachposten.

»Ich habe den Reiter gerettet.«

»Na dann.«

Martins Gesicht hellt auf, aber der Mann lacht.

»Nee Junge. Ist mir egal.«

»Aber vielleicht ist es der Fürstin nicht egal. Vielleicht machst du einen Fehler.«

Der Mann schnippt den Apfelbutzen auf Martin.

»Wenn ich nicht hineindarf, wer darf denn dann hinein?«, fragt Martin.

Der Mann seufzt, schleudert sein Schwert in die Luft und fängt die blanke Klinge mit den Handflächen auf. »Hexen mit sechzehn Zehen«, sagt er. »Der Henker, der Thomanns und Schweine, die rechnen können.«

»Ich habe einen Hahn, der sprechen kann. Zählt das auch?«

Der Wachposten spuckt aus. »Und wenn du mit dem Hintern voraus fliegen könntest, ich lasse dich nicht durch.«

»Würde es denn jemand merken?«

»Herrgott. Du bist so hartnäckig wie meine Alte.«

Martin mustert den Mann. Er ist noch recht jung und wirkt unausgelastet. Ständig schielt er zu den Frauen, die über den Hof stolzieren. Ab und an schüttelt es ihn, er tippelt von einem Bein auf das andere. Ein leichtes Fieber. Nein.

Martin wartet. Der Mann beginnt ungeduldig in den Knien zu wippen.

»Hau ab«, sagt er zu Martin.

Der geht ein paar Schritte rückwärts, schaut aber weiter. Er hat einen Verdacht, und der braucht nur etwas Geduld, um sich zu bestätigen. Ein Juckreiz, wahnsinnig quälend. Oft gesehen im Dorf und später in den Wirtshäusern. Und tatsächlich, nun lässt der Mann die Beherrschung fahren, greift sich in den Schritt und kratzt, was er kratzen kann.

»Sackflöhe«, hat ihm das der Maler früher erklärt. »Wenn du schaust, wer sich kratzt, weißt du, wer mit wem im Heu war.«

Martin freut sich. Das ist doch ein Anfang.

»Verpiss dich«, grummelt der Wachposten.

Gut gelaunt lässt sich Martin nun vertreiben.

Bei den Ställen, bei den Mauern und anderswo kann man Martin in den nächsten Stunden dabei beobachten, wie er Steinabrieb und Kalk zusammenträgt. Flechten von einer Mauer schabt, sich eine kleine Schale erbittet und darin die Zutaten geduldig zerreibt, bis sie ein sehr feines Pulver ergeben.

Am Nachmittag taucht er wieder am Tor auf.

»Du schon wieder«, knurrt der Wachposten.

Martin hält ihm das Schälchen hin. »Zweimal am Tag auftragen«, sagt der Junge.

»Auftragen?«

»Auf die befallenen Stellen.«

»Wovon redest du?«

»Auf die Stellen, die jucken.«

»Was geht es dich an, wo es mich juckt?«

»Ich habe gesehen, dass es die blonde Frau in dem Haus dort, das Haus, das man von deinem Posten aus so prima sehen kann, dass es die auch juckt.«

»Ach.«

»Ja. Ihr Mann, der hat das Problem aber nicht. Das finde ich merkwürdig«, sagt Martin. »Also, wenn ich du wäre, würde ich nicht den ganzen Tag hier herumstehen und mich vor allen Leuten kratzen. Ob da vielleicht einer mal auf dumme Ideen kommt und bei der Frau nachfragen geht?«

Der Wachposten lauscht Martins Worten nach. Ganz langsam streckt er schließlich die Hand nach dem Schälchen aus. Martin zieht die seine aber nun ein Stück zurück.

»Was noch?«, zischt der Mann. Überlegt. »Ich lass dich dafür rein.«

»Nicht gleich. Ich will hinein, wenn es passt.«

»In Ordnung. Wenn es passt. Ich merk es mir.«

Martin überlässt ihm das Puder, das der Mann so rasch mit dem Rücken zu ihm verwendet, dass weiße Wölkchen aufsteigen. Vor Erleichterung seufzt der Wachposten. Und Martin ist zufrieden. Bald wird er hineingehen, aber erst, wenn er verstanden hat.

20

Morgens bleibt der Himmel an den Burgzinnen hängen.

Die Kinder heften sich gern an Martins Fersen. Es macht ihm Spaß, eine Weile so zu tun, als würde er die kleine Entenschar hinter sich gar nicht bemerken, um sich dann ganz plötzlich umzudrehen und sie so zu erschrecken, dass sie kreischend davonspringen.

Seine scharfe Beobachtungsgabe macht es ihm leicht, sich schnell überall ein bisschen nützlich zu machen. Er sieht immer gleich, wo eine helfende Hand benötigt wird. Damit macht er all jene überflüssig, die gerne tatenlos herumstehen. Es ist ein bisschen so, als wäre man ohne Martin hier oben nicht gut zurechtgekommen. Oder man hat nicht gemerkt, wie dürftig es um das Miteinander bestellt ist. Als wäre allen, die da seit Geburt auf dem Berg der Fürstin hocken, die Fähigkeit zur Umsicht abhandengeraten.

So oft sich Martin allerdings nach den verschwundenen Kindern umhören will, er findet keine Antwort.

Dem Thomanns schaut er häufig zu. Der Gaukler arbeitet mit drei missgestalteten Ziegen und drei menschlichen Kumpanen. Er versucht abwechselnd der einen, dann der anderen Gruppe etwas beizubringen. Es ist nicht klar, welche Gruppe über die schnellere Auffassungsgabe verfügt.

Der Thomanns hat kalthelle Augen wie sein Vieh. Er schert sich nicht darum, was die Leute sagen. Mal ist er laut und freundlich, jongliert mit Äpfeln, die er an die Kinder verschenkt. Jongliert mit Eiern, die er zerplatzen lässt. Mal äfft er jeden nach, und niemand ist vor seinem stummen Spott sicher, mit dem er hinter einem hergeht, dabei Haltung und Gesichtsausdruck so köstlich nachahmend, als gingen da zwei derselben Art.

Heute hat er ein Gestell aus schmalen Brettern, Leitern und Ringen errichtet, auf dem er balanciert, während die Ziegen dabeistehen und glotzen.

»Was tust du?«, fragt Martin.

»Was tue ich denn?«, fragt der Thomanns zurück. Er kennt den Buben schon. Eine Abwechslung inmitten der stumpfsinnigen Burgbewohner.

»Du kletterst«, sagt Martin.

Der Thomanns ist an einer Stelle angelangt, da geht nur Fuß vor Fuß. Der Balken biegt sich durch.

Insgesamt wirkt das ganze Gerüst wacklig und nur für den Augenblick gebaut. Der hätte vom Maler gut lernen können, denkt Martin.

»Aber warum tust du es?«, fragt der Junge.

»Ich will die Ziegen verstehen«, sagt der Mann und fällt vom Balken, kommt wieder auf die Beine und klopft sich die Hosen ab. »Ziegen denken den ganzen Tag, musst du wissen. Soll ich dir mal sagen, was sie so denken? Sie denken: mäh, mäh und mäh und manchmal mähmäh. Ja«, seufzt er. »Es sind schon tolle Tiere.« Dann raschelt er mit einem kleinen Beutel, der an seiner Hüfte baumelt. »Außerdem essen sie gern Möhren.«

Schon springt die erste Ziege auf das Gerüst und meistert die Kletterei ohne jegliche Anstrengung. Die zweite folgt, und auch die schafft den Weg. Nur die letzte verweigert.

»Das liegt an ihrem dritten Auge«, sagt der Thomanns und tätschelt das Tier tröstend. »Sie kann nicht richtig geradeausgucken, dafür aber in die Zukunft.«

»Wirklich?«, fragt Martin und erntet einen überraschten Blick.

»Das wusstest du nicht?« Der Thomanns nimmt den Ziegenkopf zwischen seine Hände und redet dem Tier in die Nüstern. »Verrate mir, Meister, die Zukunft dieses Jungen.«

Dann lauscht er, und Martin lauscht auch.

»Hörst du seine Antwort?«, wispert der Gaukler.

»Ich kann ihn hören«, flüstert Martin zurück.

»Und? Was sagt er?«, fragt der Thomanns.

»Mäh«, sagt Martin. »Er sagt mäh, mäh und manchmal mähmäh.«

Der Thomanns bricht in Gelächter aus und übertreibt dabei auch ein wenig. Aber wahrscheinlich hat er seit fünf Jahren keinen klugen Gedanken und keinen überraschenden Witz mehr gehört. Und auch von seinen eigenen Einfällen ist er immer seltener eingenommen. Martin ist ein bisschen beleidigt. Muss man denn Kinder für Idioten halten? Wo doch Martin bereits in jeden Abgrund geschaut hat. Oder vielleicht noch nicht. Wenn es also noch einen geben sollte, der ihm alles abverlangen muss, dann wird er ihn hier auf der Burg finden. Weiß er.

Der Thomanns bietet ihm eine Möhre an. Gemeinsam kauend schauen sie den Ziegen beim Klettern zu.

»Was machst du hier?«, fragt Martin schließlich erneut.

»Ich unterhalte die Fürstin«, sagt der Gaukler. »Von Zeit zu Zeit sinnt sie auf Spaß, dann komme ich und bringe sie zum Lachen, zum Weinen, zum

Staunen, und anschließend darf ich mit meinen Ziegen in einem goldenen Bett schlafen und Honig trinken.«

Der Thomanns wirft eine Möhrenhälfte nach dem Vieh.

»Ein goldenes Bett«, wiederholt Martin.

»Ja, verdammt. Schau mich an. Als hätte ich es nicht verdient«, sagt der Thomanns und zupft an seinen dreckstarren Hosen. »Überall sind die Gaukler angesehen und die eigentlichen Könige neben den Königen. Nur hier nicht. Nur nicht auf diesem gottverdammten Berg.«

»Warum gehst du dann nicht woandershin?«, fragt Martin.

»Man kann nicht einfach gehen.«

»Ich bin gegangen«, sagt Martin.

Der Thomanns schüttelt den Kopf. »Ich werde nie gehen. Erst wenn ich fliegen kann, verlasse ich diese Burg«, sagt er. Und nach einer Weile: »Komm. Ich zeige dir den besten Platz und den Grund, warum ich nicht gehen kann.«

21

Ein Gaukler, lernt Martin schnell, hat Wege zu gehen und Verpflichtungen, wie ein Bauer, Fuhrknecht oder Müller. Die Kumpane müssen bezahlt werden. Man muss sie ermahnen, ohrfeigen und sagen, wann sie einander wiedertreffen. Martin folgt ihm auf seinem Rundgang. Der Thomanns braucht noch Lebensmittel. Geht beim Hansel vorbei. Ausgiebig riecht er dort an einem Stück Fleisch.

»Das ist schon so alt, das kann schon von allein laufen«, schimpft er und kippt dem Hansel auch gleich eine Schütte Mehl vor die Füße, in der es von Maden nur so wimmelt. »Brot will ich backen, keine Fische fangen.«

Der Thomanns ist tüchtig. Er hat zu tun. Zwischen zwei Besorgungen reißt er zotige Witze, dass der Händler beim Grinsen sein schadhaftes Gebiss zeigt und die Frauen rot werden. Den Kindern zaubert er Küken aus den Ohren und Würste aus der Nase. Strebt dann aber doch nach Hause. Es scheint ihm wichtig zu sein. Wo man ihn doch eigentlich immer nur mit seinen Ziegen sieht. Wie er in einem Unterstand herumwerkelt und probt und nie auch nur etwas anderes zu sein scheint als ein Spaßmacher in zweifarbigen Hosen. Und nun hat er ein Zuhause am Ende des Weges, ganz am Rande der Burg. Ein Zuhause und jemanden, der auf ihn wartet.

Ein Mädchen öffnet ihnen die Tür, vielleicht schon eine junge Frau, Martin kann es nicht sagen, im Gesicht sieht sie aus wie ein Fratz, alterslos. Die Nase sehr klein, der Mund hingegen übertrieben groß. Die Augen sind blank, die Ohren stehen ab. Drum herum wirres Haar. Eine kleine Person. Sie nimmt den Gaukler lange in den Arm. Anschließend Martin.

»Dass ihr endlich da seid«, sagt sie, als habe sie bereits von Martin gewusst, als habe sie den Gaukler ewig nicht gesehen.

»Das ist Marie«, stellt er sie vor. »Meine Schwester.«

»Was für ein schönes Tier du da hast«, sagt Marie. »Was ist das?«

»Ein Hahn.«

»Ein Hahn. Ganz wundervoll. Wirklich außergewöhnlich. Kommt doch rein«, sagt sie.

Martin folgt ihr in eine dunkle Stube. Es ist kalt.

Kein Feuer im Kamin. Wanzen tropfen von den Wänden.

»Nimm doch Platz«, sagt Marie und bietet einen Stuhl an. Der Stuhl ist aber vollgehäuft mit allerlei Dingen. Überall liegen Dinge herum, die keinen Sinn zu machen scheinen. Der Thomanns kommentiert es nicht. Immer wenn er an Marie vorübergeht, schlingt sie die Arme um ihn.

»Ich mag dich so«, seufzt sie.

»Ich mag dich auch«, sagt er geduldig. Jedes Mal wieder. Er wirft Martin eine Decke zu. »Marie hat Angst vor Feuer.«

»Wie war deine Reise?«, fragt Marie und lächelt mit ihrem breiten Mund Martin aus einer Welt zu, die ihm unbekannt ist. Eine Welt, in der es nur Freundlichkeit gibt. Marie plaudert. »Wie ist das Wetter dort, wo du herkommst?«, fragt sie.

»Kalt«, sagt Martin.

»O ja. Kalt ist schlimm«, wirft Marie ein. »Du hast es gut, du hast ein Tier.«

»Und du hast ihn.«

»Ja. Ich bin so froh. Aber manchmal ist er fort, und ich muss warten. Dann habe ich Angst. Oh, was habe ich Angst. Das ist nicht schön.«

Maries Augen füllen sich mit Tränen. Der Thomanns kommt und stellt Essen auf den Tisch. Eine Mahlzeit für Marie und eine für Martin.

»Danke, ich bin sehr hungrig«, sagt Marie und besieht sich das Essen. »Was gibt es denn?«

»Milch und weiches Brot.«

»O danke, das ist sehr freundlich. Ich mag Milch und weiches Brot.« Und isst sowieso nie etwas anderes, aber das weiß Martin noch nicht.

Martin bekommt Wurst und Käse, eine Zwiebel dazu. Der Thomanns trinkt Wein. Es ist so kalt. Marie nimmt immer nur winzige Bissen von ihrer Mahlzeit. Redet aber.

»Ist es denn gut gegangen unterwegs?«, fragt sie. Und: »Hast du Bekannte getroffen?« Sie fragt: »Wie war das Wetter?« Sie fragt: »Wie heißt der Ort, von dem du kommst?«

Martin nennt ihr den Namen und denkt sich nichts dabei.

Aber Marie schaut in sich hinein, in ihre kleine, aufgeräumte Seele, in der neben der Freundlichkeit die wenigen Erlebnisse ihres Lebens hübsch aufgereiht nebeneinanderstehen, als würden sie darauf warten, immer wieder betrachtet zu werden, damit man darüber plaudern kann.

»Den Ort habe ich schon einmal gehört. Es kam schon einmal Besuch von dort.«

»Ja?«, sagt Martin und kann das Essen plötzlich nicht mehr kauen. Und hat das Gefühl, seine Hände würden an der Tischplatte kleben bleiben. Und hat das Gefühl, als würde der ganze Raum sich auf den Kopf drehen, bis der Wein dem Gaukler aus dem Glas fließt und die Milch aus Maries Haaren tropft.

»Ein sehr netter Mann. Ich erinnere mich genau. Er hatte Augen wie du.«

»Augen wie ich«, sagt Martin.

Und die Wände lösen sich auf. Und der Boden rutscht davon.

»So ein netter Mann. Er wollte das Schlafspiel der Fürstin bestehen. Um sein Dorf zu retten. Sie hatten Schulden. Verstehst du? Kaum etwas mehr zu essen auf den Feldern. Das Vieh haben sie in den Wald getrieben, damit es überhaupt noch etwas zu essen findet.«

»Flechten und Moos. Rinde und Pilze«, sagt Martin leise. Er kennt die Erzählung.

»Und eine Lisl hatten sie im Dorf, die hat gekrampft und gesagt, dass einmal das Spiel gewonnen werden muss, damit die Abgaben nicht mehr so drücken. Und hat dann nie wieder etwas Gescheites –«

»– über die Lippen gebracht«, setzt Martin den Satz fort. Sätze, die in seiner Kindheitserinnerung hängen. Zart und unbeachtet. Nie wichtig und jetzt plötzlich da und in Maries Mund. Warum?

»Und dann ist er gekommen, um das Spiel zu spielen.«

»Ein armer Tor wie alle, die es versuchen«, sagt der Thomanns, während Martins Welt hinter Marie verschwindet. Hinter Maries breitem Mund, der erzählt und, kann das sein, von seinem Vater spricht.

»Leider hat er ja nicht gewonnen, nicht wahr?«, sagt Marie und schwebt wie eine Göttin vor Martin auf und ab.

»Niemand kann das Schlafspiel gewinnen«, sagt der Thomanns.

Was ist mit ihm geschehen, denkt Martin.

»Es war wohl zu viel für ihn«, antwortet Marie. »Er hat sich danach schon seltsam benommen. Große Angst hatte er. Man sagt, er ist den ganzen Weg heimwärts gerannt. Das muss sehr anstrengend gewesen sein.«

»Verrückt geworden«, sagt der Gaukler.

Martin fällt vom Stuhl und stößt sich den Kopf.

»Ich bin auch müde«, sagt Marie und legt sich neben ihn. Der Thomanns breitet eine Decke über ihnen aus.

Marie umarmt Martin, wie es wohl seine Schwester getan hätte. Ihre Unschuld ist so groß, dass sie schneller in den Schlaf sinkt als irgendjemand sonst. Im Schlaf lächelt sie. Der Griff, mit dem sie Martin umklammert, lockert sich nicht.

Der Gaukler zieht sich eine schwarze Kutte an,

eine Kapuze über den Kopf und greift nach einem Beil. »Du kannst bleiben«, sagt er.

»Wer bist du jetzt?«, fragt Martin schwach.

»Ich bin der Henker. Mein Vater war auch schon Henker. Ich habe zu tun«, sagt der Thomanns. Sagt der Henker.

»Dann bist du beides?«, sagt Martin und schließt die Augen.

»Ja, da habe ich gut dran zu tun«, sagt der Gaukler. Sagt der Henker.

Und Martin denkt sich, ja, das passt, weil es nicht passt und ebenso schief ist wie der Rest dieser verdammten Welt.

22

Nach und nach offenbaren sich Regeln für das Leben auf der Burg. Wobei beliebig Regeln hinzuwachsen oder verschärft werden, aber nie aufgekündigt. Es gibt ein schwammiges Grundsätzliches, der Rest ist Glück oder Pech, man fährt wohl am besten mit Angst und Misstrauen. Trotzdem gibt es natürlich Verfehlungen. Wie die geahndet werden, muss der Martin heute erfahren. Und das ganz ohne das Zutun des Henkers, denn gleichwohl das Amt ja besetzt ist, werden allenthalben Unglückliche auf andere und schrecklichere Art getötet als durch das Beil. Ob das der Fürstin wohl zu unanschaulich ist.

Auf dem Burghof wächst ein Baum, der Frauenbaum genannt wird. Martin hat schon oft gefragt, warum er so heißt, aber nie Antworten erhalten. Wie es hier überhaupt auf die meisten Fragen keine ordentlichen Antworten gibt, sondern sich die Dinge irgendwann selbst erklären.

Der Baum ist dürr und hochgewachsen, weitverzweigtes Geäst, keiner weiß so genau, welche Art Baum das ist. Die Äste knotig wie bei Obstsorten. Der Stamm hingegen lang und schlank. Im Frühjahr wird gespannt erwartet, welche Blätter sich wohl zeigen. Bislang jedes Jahr andere. In diesem trug er keine und ist kahl lang vor der Zeit, trägt aber an diesem Tag, der den ersten herbstlichen Regenguss bringt, eine hübsche Frauenleiche.

Die ist an ihrem Haar aufgehängt, das sich um zahlreiche Äste gewunden und darin verheddert hat. Geht ein Wind, wehen ihre Röcke hin und her, ganz leicht trudelt dann der Körper. Das Gesicht blass und wunderschön, eine junge Hofdame im hellblauen Kleid. Die zarten Schuhe von den Füßen geschlüpft. Ein paar Kinder haben sie sich geschnappt und stöckeln abseits darin herum. Traurig steht die Menge unter der Toten.

»Es ist nicht schön, wenn der Frauenbaum trägt. Auch wenn es schön ist, was der Frauenbaum trägt«, sagt der Thomanns.

»Was ist mit ihr?«, fragt Martin.

Die Frau des Reiters legt ihm den Arm um die Schulter. »Rede nicht mit dem«, sagt sie.

»Ich rede aber mit dem«, sagt Martin und weiter zum Thomanns: »Was also hat sie getan?«, denn er schert sich nicht um Besitzansprüche, die in den beiden Erwachsenen keimen. Beide mögen das

Kind und wollen es für sich, aber Martin gehört nur seiner Aufgabe, die entführten Kinder zu finden. Und das vergisst er nicht, ganz gleich, wie mütterlich inzwischen der Griff der Frau um seinen Nacken ist. Ganz gleich, wie sehr ihn der Thomanns in seinen Bann zu ziehen vermag. Nachts teilt der Junge seine Bettstatt noch immer mit dem Hahn, und es kann nichts geben, was ihn vergessen lässt, wie die Godelhand leer in der Luft hing, als der Reiter das Mädchen genommen hat.

»Eine Hofdame der Fürstin«, erklärt der Thomanns leise. »Vermutlich zu hübsch und damit der Herrin ein Dorn im Auge.«

Die Frau kneift die Lippen zusammen und sagt nichts. Sie legt die Hand auf den Bauch, der sich inzwischen deutlich wölbt. Sie bekommt noch ein Kind, und ihr ist oft übel.

»Die Fürstin kann sehr unleidig werden, wenn jemand jünger ist und schöner.« Was zu unterschreiten naturgemäß immer schwieriger wird. »Drum trägt der Frauenbaum bisweilen eine schöne Leich. Was für eine Verschwendung«, seufzt er.

Zwei Männer rücken mit einer Leiter an. Der eine hält ein langes Messer.

»Jetzt wird sie geerntet«, sagt der Thomanns. Die Frau des Reiters beginnt zu weinen.

»Wozu das Messer?«, fragt Martin.

Und versteht doch gleich. Die Haare, scheinbar unentwirrbar verschlungen, sie werden abgeschnitten, damit sie die Leiche vom Baum bekommen. Eine letzte Demütigung der Toten. Wohl ganz im Sinne der Fürstin.

Aber Martin lässt es nicht zu. Schon ist er mit einem Seil bei der Hand und die Leiter hinauf. Den Männern gibt er Anweisungen, unten schauen die Leute zu. Der Toten wird das Seil um die Hüfte gelegt, dann das Seilende über einen Ast geworfen und gezogen. Jetzt baumelt der Körper am Seil, nicht länger an den Haaren. Martin schickt die Männer fort und beginnt leicht und wendig wie ein Vogel in den Ästen zu klettern, um Strähne für Strähne aus den Zweigen zu entwirren. Auch als es stärker zu regnen beginnt, sammelt er die Haare von den Zweigen, sorgt Stunde um Stunde dafür, dass die Tote ihre Locken behalten darf. Sicher weint er dabei ein bisschen, und natürlich schauen ihm nur in den ersten Stunden die Leute verwundert zu. Und ganz gewiss schämen sie sich, weil sie bislang nie selbst den Mut aufgebracht haben, den toten Hofdamen etwas Würde zurückzugeben.

Ganz sicher ist, dass die Fürstin von ihrem Fenster aus eine Weile zuschaut, wie der Junge im Frauenbaum herumturnt. So ein Getue. Aber es ist ihr egal.

Sie weiß ja schon, der Herbst naht. Bald kommen die Kraniche, und es gibt Wichtigeres zu tun. Und sie fühlt sich für den Moment auch recht gut, jetzt, wo sie unter ihren Hofdamen ein wenig aufgeräumt hat und das den anderen eine Lehre sein sollte. Wer konnte auch ahnen, dass aus einem ursprünglich knochigen und pickligen Mündel von vierzehn Jahren einmal ein solcher Schwan erwachsen würde? Sie wird zukünftig besser aufpassen, wen sie unter ihre Fittiche nimmt. Oder auch nicht. Denn eigentlich ist der Frauenbaum doch auch eine liebgewonnene Tradition.

23

Dann setzt eine Unruhe ein, die sich zwischen den Bewohnern der Burgstadt ausbreitet. Sie durchtränkt die Handlungen und Gedanken. Alle scheinen wie im Fieber und schauen minütlich gen Himmel.

»Was erwarten die Leute?«, fragt Martin den Hahn.

»Es wird Herbst«, sagt der Hahn.

»So habe ich Menschen noch nie den Herbst erwarten sehen«, sagt Martin. »Warum legen sie keine Vorräte an?«

Aber ehe der Hahn auf seiner Schulter antworten kann, taucht der Thomanns neben ihm auf. Leise angeschlichen wie eine Schlange. Ob er den Hahn gehört hat?

»Es nützt nichts, sich vorzubereiten«, sagt er. »Es kommt so schlimm, da hilft kein Apfelkompott, da hilft kein Mäusemehl.«

»Was kommt denn?«

»Ach, Junge«, sagt der Thomanns. »Du solltest

gehen. Aber wenn du nicht gehst, verschon mich mit Klagen, ich hätte dich nicht gewarnt.«

»Vor was gewarnt?«, fragt Martin.

Aber der Gaukler schüttelt den Kopf und verweigert die Antwort.

»Wie machst du das, dass der Hahn spricht?«, fragt er aber. »Die Bauchrednerkunst. Warum hast du nicht gesagt, dass du sie beherrschst?«

Martin weiß nicht, was gemeint ist.

»Du solltest mit uns auftreten. Morgen schon bei der Fürstin. Ihr letztes Fest für dieses Jahr. Willst du?«

Den Jungen durchschießt es. Die Burg betreten. Die Fürstin sehen. Natürlich will er. Der Thomanns nimmt ihn bei der Hand.

»Wir gehen alles durch«, sagt er und nimmt ihn mit zum Unterstand. Bleibt erst bei Ziegen und Kumpanen wieder stehen. Die Ziegen kauen Möhren, die Kumpane Zwiebeln. Es herrscht Einigkeit, was den einfältigen Gesichtsausdruck anbelangt. Einer weint und wischt sich lange die Augen. Kommt das von der Zwiebel? Erst als er die Hände sinken lässt, erkennt Martin ihn. Hat es schon von ferne ein paarmal geahnt, nun die Gewissheit. Es ist das grässliche Kind.

Das Kind, das sich einst auf Martins Rücken geschwungen und ihn durch den Schlamm getrieben hat. Inzwischen ist es groß geworden, fast ein Mann. Grobknochig, weich in den Hüften, struppiges Haar. Und die Stimme. Das Licht aus der Kehle, wo ist das jetzt? Martin überwächst das seltsame Gefühl, auf seiner Reise nicht länger vorwärts unterwegs zu sein, sondern rückgewandt. Als würde sich von nun an alles umkehren oder wiederkehren. Martin starrt den Grässlichen an.

»Hör auf zu weinen. Zeig, was du heute gelernt hast«, mahnt ihn der Thomanns.

Der Grässliche schnieft, sabbert sich dann ein bisschen Schaum vor den Mund, wirft den Kopf hin und her, schielt und gibt sich irr.

»Wer will denn das sehen?«, seufzt der Thomanns. »Kannst du nicht ein paar französische Reime zum Besten geben?«

»Ich kann aber nur das mit der Spucke«, jammert der Junge. »Niemand hat mir gesagt, dass ich Französisch sprechen muss.«

»Schon gut. Schon gut«, beschwichtigt der Gaukler. »Was kannst du denn noch?«

»Er konnte singen wie ein Engel«, sagt Martin.

»Du kennst ihn?«

»Seine Stimme war reinstes Licht.«

»Jaja. Und jetzt kann er auf Befehl furzen.«

»Kann ich, jawoll!«, ruft der Junge und zeigt seine Kunst.

»Allmächtiger«, sagt der Thomanns.

»Ich kann sogar ein Lied!«

»Der Herrgott ist in seiner Gnade unermesslich, aber auch unbegreiflich.«

»Und was kann der?«, fragt einer und zeigt auf Martin.

»Der ist unterhaltsam«, sagt der Gaukler. »Gebt ihm was zum Anziehen.«

Aber als Martin wenig später in farbigen Beinkleidern und besticktem Wams aufschlägt, ist es doch nicht recht.

»Du siehst ja aus wie ein Sohn von mir«, stöhnt der Thomanns.

Beim Abendessen mit der Familie des Reiters erzählt Martin nicht, dass er morgen mit dem Thomanns in die Burg ziehen wird. Er ist freundlich wie immer. Er holt das Holz und hilft dem Reiter, die dünn gewordenen Beine über die Bettkante zu heben, stützt ihn, bis er selber sitzen kann.

Nachts findet Martin kaum Schlaf. Jetzt ist die Unruhe auch in ihm. Er meint zu hören, wie sich die ganze Stadt windet und im Kreis dreht, wie auf einem jener Drehkarusselle, die mit der Hand emporgeschraubt werden und sich hernach abspulen. Schwindlig kann einem da werden.

Erst als der Tag schon graut, schläft Martin ein.

24

Wenn der Fürstin unsere Darbietung gefällt«, sagt der Thomanns, »werden wir mit Kuchen beworfen.«

»Kuchen?«, fragt Martin.

»Sag bloß, du hast noch nie welchen gegessen.«

Auf das Burgtor zu. Der Gaukler, Martin, die Kumpane, drei Ziegen. Der Wachposten mit dem Puder winkt erst die Schausteller durch, dann rasch auch Martin.

Drinnen will Martin das Herz stehenbleiben. Endlich sich dem Rätsel nähern. Seine Schritte, die in Holzpantinen gemeinsam mit den Ziegenhufen über den Steinboden klappern. Es ist kalt in den Mauern. Kälter als draußen. Martins Aufmerksamkeit ist entzündet und saugt sich an allem fest. Vasen, Möbel, Diener. Kammerzofen, die an ihren Röcken zupfen, als hätten sie darunter Besuch. Ratten, die in den Ecken huschen. Versehrte Männer mit Narbenwülsten im Gesicht und fehlenden Gliedmaßen. Reiter sieht er. Sind auch zum Fest geladen. Haben die Umhänge abgelegt, aber die Visagen vom Fluss hat Martin nicht vergessen.

An den hohen Decken flirren bunte Vögel. Das Gefieder gelb und hellgrün, rosenrote Köpfchen dazu und krumme Schnäbel. Sie hocken auf Kerzenständern und Sessellehnen. Sie schnäbeln, zupfen sich Federn aus. Weicher Flaum segelt wie Schneeflocken durch die Luft. Vogelkot klebt überall. Der Boden schon davon gesprenkelt. Die Bilder an den Wänden werden sich ähnlicher, groß wie Türblätter, golden gerahmt, das Motiv gerinnt ins Immergleiche: eine Frau mit einem Neugeborenen im Arm. Links und rechts zwei ernste, hübsch herausgeputzte Kinder. Ein Junge von etwa acht Jahren. Und ein Mädchen, wahrscheinlich zehn. Ein langer blonder Zopf und der Godeltochter so ähnlich, als wären es Schwestern, als wäre es sie. Auf all diesen Bildern. Wie kann das sein?

»Wer ist die Frau?«, fragt Martin leise den Gaukler, der mit großen Schritten durch die Gänge schnalzt.

»Das ist die Fürstin«, flüstert der Thomanns zurück und spöttelt: »Unsere ewig frisch Entbundene.«

Und Martin wird so kalt. Bild um Bild. Flur um Flur. Aus all diesen Bildern schauen die Kinder Martin an.

Der Saal. Sie erreichen ihn mit den anderen. Den Hofdamen und Reitern. Den Dienern mit Obstplatten und Fleischtürmen. Mit den Singvögeln, die ein- und ausfliegen. So poltern und rempeln sie alle hinein in den Saal voll erleuchteter Kerzen und einer ekelhaft ausgelassenen Stimmung, die von zu viel Wein kündet und der Angst, morgen schon tot zu sein. Inmitten des Saals eine lange Tafel.

Jemand klatscht in die Hände. Das Kichern verebbt, die fahrigen Gesten suchen sich eine Kleiderfalte zum Ausruhen.

Da teilt sich der Vorhang auf der anderen Seite des Raumes und ein breites Bett schiebt sich wie von Geisterhand herein. Was für ein Alptraum, denkt Martin.

Auf dem Bett die Fürstin. Alt schon und grässlich angepinselt. Viel zu rot der Mund, die schlaffe Haut kalkweiß, kreisrunde Flecken auf den Wangen. Im Arm hält sie, die längst Großmutter sein könnte, ein Bündel. Einen winzigen Säugling. Neben ihr sitzen die Kinder, gekleidet und dressiert. Glänzende Augen. Große Pupillen, die der Saft der Tollkirsche geweitet hat. Der Saft lässt sie willenlos und brav sein. Zu viel davon tötet. Das Mädchen sieht der Godeltochter so ähnlich. Aber sie ist es nicht. Warum sitzt ihr Ebenbild hier?

Gütig nickt die Fürstin ringsum. Alles nur Fassade. Dahinter weiß Martin schon die hässliche Fratze. Was macht sie mit den Kindern? Was macht sie all die Jahre mit den Kindern? Immer das gleiche Alter. Das gleiche Gesicht. Aber stets neu. Immer frisch.

Sie wechselt sie aus, begreift Martin. Sie wechselt sie aus, sobald sie älter werden und sich verändern, vielleicht nicht mehr den strengen Richtlinien entsprechen. Vielleicht ihr Missfallen erregt haben. Sie tauscht sie gegen neue Kinder. Und diese wieder gegen neue Kinder. Wie lange kennt Martin schon die Geschichte vom Reiter, der die Kinder holt? Wie lang tut sie das schon?

Martin wird schwarz vor Augen. Er sinkt um, aber der Thomanns fängt ihn auf. Ein Raunen, ein bisschen Neugierde. Dem Gaukler verrutscht das Lächeln, er hat doch schon auf den Jungen gesetzt. Der Hahn gräbt sich aus Martins Hemd empor. Die Fürstin winkt den Thomanns herbei.

»Was hat denn der Junge?«, fragt sie so mild, wie sie wünschte, tagein tagaus sein zu können. Mild und liebenswert, wenn nur nicht so viel zu tun wäre und sie umgeben von dummen Untertanen.

»Wer ist das? Er ist mir nicht bekannt.«

Der Thomanns hält den bewusstlosen Jungen. Er ist so leicht. Der Mann sucht noch nach einer passenden Antwort, die der Fürstin gefallen könnte, da antwortet bereits der Hahn: »Das ist das Kind, das den Reiter gerettet hat.«

Die Fürstin glotzt das Tier an. Dann kreischt sie auf. Vor Schreck. Begeisterung. Zu viel Farbe im Gesicht, als dass die wahre Regung eindeutig lesbar wäre. Wer gibt hier den Narren, denkt der Gaukler.

»Ein tolles Ding!«, ruft die Fürstin. »Kann das noch mehr?«

»Du hörst nicht zu«, sagt der Hahn. »Das Kind hat den Reiter gerettet. Es ist ein Held.«

Die Fürstin lacht schrill. »Großartig! Fabelhaft!«, und lobt den Thomanns: »Wie unterhaltsam!«

»Ja«, sagt der und weiß eigentlich nicht, wie ihm geschieht. Wer redet jetzt? Das Kind hat die Augen verdreht. Der Atem geht flach. Wie soll das bauchreden? Der Hahn flattert mit den Flügeln. Die Fürstin hustet. Das Neugeborene wogt vor ihrer Brust hin und her. Die Kinder auf der Decke schauen mit ihren flackernden Augen ins Leere.

»Was für hübsche Kinder ihr habt«, sagt der Hahn.

»Ein Schmeichler!«, lacht die Alte.

Der Thomanns grinst schief und vollzieht eine schmucke Verbeugung. Was soll er sonst tun? Da erwacht Martin. Man könnte meinen, die Ohnmacht zeuge von Schwäche. Aber es ist anders.

Martin erwacht mit klaren Gedanken und erstarktem Herzen. Er ist jetzt wieder ganz bei sich und einer Wahrheit, die jenseits aller Vorsicht liegt. So verbeugt er sich ungelenk und sagt: »An Kindern sieht man, wie die Zeit vergeht.«

Diese Frechheit, das zu sagen. Diese Undenkbarkeit, in das Übel hineinzusprechen, in das sich die Fürstin eingesponnen hat.

»Bist du irre?«, zischt der Thomanns, während Martin noch Mühe hat, den Kopf aufrecht zu halten. Aber keine Mühe hat, den Weg zu gehen, der ihm auferlegt wurde. Schritt um Schritt, bis es getan sein wird.

Die eben noch vergnügte Visage der Fürstin fällt in sich zusammen. Die weiße Farbe platzt in Brocken von den Wangen. »Genug geplaudert«, sagt sie.

Der Thomanns nimmt Martin beiseite. Der Mann kennt die Fürstin. Sie handelt nicht im Affekt. Sie denkt gern über ihre Art der Bestrafung nach. Sie kann sehr kreativ sein, wenn es darauf ankommt, eine Schmach so zu rächen, dass sie für immer getilgt sein wird. Vielleicht kann die restliche Aufführung das Strafmaß mildern. Hastig winkt er den Kumpanen zu, mit deren Teil an Albernheiten zu beginnen.

Schon jonglieren sie über Tisch und Bänke und

mit allem, was sie zwischen die Finger bekommen. Auch die Ziegen schickt der Thomanns los. Die hopsen auf die gedeckte Tafel, ohne auch nur einen Teller zu zertreten, ein Glas umzuwerfen. Wohl köttelt eine zwischen die schwarzen Trauben. Aber für einen zauberhaften Augenblick schaffen sie es, zu dritt übereinander zu stehen. Ganz oben die Ziege mit den drei Augen. Die Krönung aller Geschöpfe. Ihr triumphierendes Meckern fährt allen durch Mark und Bein.

Aber schon ist der Augenblick vorbei, und die Ziegen haben vergessen, dass sie gedrillt sind und anmutig. Stattdessen treten sie aus. Zwei Hofdamen büßen bei den Tritten ihre Schneidezähne ein. Ein Lüster wird ins Wanken gebracht. Kristall zerspringt. Bewegung kommt in die ganze Gesellschaft. Hier das spritzende Blut der Hofdamen, da die brennende Tischdecke, überall hopsen die Ziegen herum, die Jongleure versuchen sie einzufangen. Es geht zu Bruch, was nur zu Bruch gehen kann.

Zuerst versucht der Thomanns noch einzugreifen, aber dann sieht er ein, die Stunde ist unrettbar verloren. Vielleicht auch sein Leben. Ist das aber nicht egal, wo doch das Chaos so wunderbar ulkig ist?

Die dreiäugige Ziege schafft indessen den Sprung

aufs Bett der Fürstin. Wie kann man sie dafür nicht lieben? Bis jetzt hat auch die Fürstin Gefallen an dem Tumult gefunden. Denn was ist schon Geschirr, was die Zähne einer Hofdame, was ist das alles gegen die Köstlichkeit eines guten Witzes, gegen ein Lachen, das so selten ist zwischen all diesen öden Stunden als Herrscherin? Diese Langeweile, die sich nur durch Grausamkeit lockern lässt. Denn Grausamkeit ist einfach. Aber ein guter Witz ist schwer zu finden. Selbst den Ziegenbock auf ihrem Bett findet die Fürstin noch amüsant, doch jäh lüpft das Tier mit festen Lippen das Neugeborene aus ihrem Arm und springt damit davon.

Der Thomanns brüllt vor Lachen. Aber wirklich.

Martin staunt, wie wendig der Ziegenbock mit der Puppe herumhüpft, denn ja, es ist eine Puppe, und jeder hat es gesehen. Wird man ihnen nicht allen die Augen ausstechen müssen. Natürlich weiß man, dass die Fürstin nicht Jahr um Jahr ein Neugeborenes zur Welt bringt und bei sich trägt. Aber Wissen und Sehen ist nicht eins. Und es ist doch tabu, das Gewusste zu sehen, darüber zu sprechen, daran zu denken oder davon zu träumen. Das ist der Tod.

Einer wird dafür büßen müssen. Keiner traut sich, die Ziege aufzuhalten. Keiner traut sich, die

Puppe zu nehmen. Das kostbare Kleinod der Tyrannin.

Da stößt die Fürstin einen Schrei aus. Und da beschließt der Gaukler, sich zu opfern, denn einen besseren Witz als diesen wird er nicht mehr erleben. Da kann er auch sterben.

Er schnappt sich die Ziege. Wickelt die Puppe in eine Decke. Tritt zur Fürstin. Die Farbe auf seinem Gesicht ist von Lachtränen verlaufen. Auf dem Gesicht der Fürstin finden sich ebenfalls Spuren. Wie ähnlich sie sich sind. Wie Haudegen einer gemeinsamen Geschichte. Wie die Letzten einer untergehenden Epoche.

Und jetzt das Ende.

Behutsam legt er ihr die Puppe in den Arm.

»Du kommst vor den Henker«, sagt sie mit bebender Stimme.

»Hm«, sagt der Thomanns. »Das wird aber schwierig.«

Die Fürstin merkt, sie hat die Sache nicht durchdacht. Der Gaukler ist ja der Henker. Wer hat denn diesen Schwachsinn beschlossen?

»Es gibt kein Zurück«, sagt sie.

»Voran gehts jetzt aber auch nicht mehr. Wo doch Selbstmord eine Todsünde ist.«

Nun ist man auf der Burg nicht gerade bibelfest, aber von den Todsünden hat man eine Ahnung.

»Ich frage meine Räte«, sagt sie.

»Deine Räte sind dumm wie Stroh. Soll denn meine Gauklerseele auf ewig durch die Hölle wandern? Wir fragen das Kind. Das ist schlau«, sagt er und zeigt auf Martin.

Doch dann, noch ehe die hustende Fürstin daran denken könnte, sich an den Jungen zu erinnern und ihn für seine Bemerkung vielleicht ebenfalls zum Tode zu verurteilen, hören sie die unverkennbaren Rufe am Himmel.

Martin kennt den Laut. Der Herbst hallt durch die Welt. Die Augen der Fürstin werden milchig.

»Die Kraniche«, sagt sie tonlos. »Die Kraniche kommen.«

25

Zwei Vogelzüge müssen über die Berge, um ihren Weg in den Süden zu finden. Sie fliegen tief, streifen beinahe die Zinnen der Burg. Federn regnen herab. Die Formationen überschneiden sich, driften aufeinander zu, voneinander weg. Einzelne fliegen abseits, stoßen wieder hinzu. Ihre Rufe lösen eine Traurigkeit aus, als kündeten sie von einer schöneren Welt, die den Burgbewohnern auf immer unerreichbar sein muss. Und so ist es ja auch. Wie viele es sind. Zum Greifen nah.

Martin schaut und schaut. Auch die anderen sind aus den Häusern getreten. Hier und da nehmen sich welche in den Arm, versuchen Trost zu spenden. Die Frau des Reiters streicht über ihren Bauch.

»Wo warst du?«, fragt sie Martin.

Martin findet keine Worte. Sie zieht ihn fort. Fort vom Thomanns, der pfeifend zu seinem Unterstand marschiert, als habe er einen guten Tag und nicht eben sein Todesurteil erklärt bekommen. Er dreht sich nicht nach Martin um.

Im Haus sitzt der Reiter aufgebracht an der Bettkante, stützt mit den Armen seinen Sitz. Hat sich einen Stock bereitgelegt. Übt er das Aufstehen? Und warum ausgerechnet heute? Schweiß rinnt dem Reiter die Schläfen hinab, dabei ist es hier drinnen eiskalt. Martin schaut nach dem Feuer und macht sich daran, es zu füttern.

»Sparsamer mit dem Holz«, sagt die Frau. »Von allem, was du sonst gebrauchst, trinkst oder isst, darfst du ab jetzt nur noch die Hälfte nehmen.«

»Was geschieht jetzt?«, fragt Martin.

»Die Reiter ziehen«, sagt sie.

»Sie schließen das Tor«, sagt der Mann. »Keine Waren mehr. Keine Händler mehr. Kein gejagtes Wild, keine Fische aus dem Fluss, keine Enten. Nichts von außerhalb, bis die Männer wiederkehren.«

»Warum?«, fragt Martin.

Der Reiter bleibt stumm, starrt in die schwache Glut.

»Ein Fluch«, sagt die Frau matt. »Es scheint schon immer so gewesen zu sein. Der Kranichflug, dann kommt die dunkle Zeit. Wir müssen büßen. Nur wenn wir büßen und zusammenhalten, können wir den Dämonen widerstehen. Dann kehren die Reiter zurück, beginnt alles von vorn. Schöner womöglich. Sagt die Fürstin.«

Die Fürstin ist verrückt, denkt Martin. Und Verrückte erfinden verrückte Regeln.

»Deine letzte Chance zu gehen«, sagt der Reiter eindringlich. »Später lässt dich niemand hinaus.«

»Ich will nicht gehen«, sagt Martin. Noch nicht. Nicht ehe es beendet zu haben.

»Ein Esser mehr«, sagt der Reiter.

»Er braucht nicht viel«, sagt die Frau.

»Ich kann helfen«, sagt Martin.

»Du hilfst doch schon«, sagt die Frau.

Martin denkt an die Kinder, die dort draußen leben, bei ihren Eltern sind und sich in Sicherheit wähnen. Bis die Reiter sie gefunden haben werden und ihr Schicksal sich mit dem der Burgbewohner verbinden muss.

Wie schrecklich, denkt Martin, wie unerträglich.

Im Hof sammeln sich die Reiter. Pferdehufe schrammen über die Steine am Tor. Nicht zu erraten, was der zurückbleibende Reiter denkt. Sein Blick ist nach innen gekehrt. Sucht er in seinem Herzen nach den Kindern, die er selbst gefunden und mitgenommen hat? Wie viele hat er entführt? Wie viele auf seinem Gewissen?

»Von allem die Hälfte«, sagt Martin leise und zählt die Kartoffeln ab, während draußen das große Tor geschlossen wird, dessen Scharniere kreischen, als würden sie vom Untergang künden.

26

Man kann nicht sagen, wie es ist. Man möchte die Augen schließen. All die Wochen möchte man lieber blind und taub sein, damit man das langsame Siechen nicht mit anschauen muss. Schon beim kleinsten Blinzeln fährt ein Bild in die Seele und vergiftet. Nachts jagen Dämonen und Geister über den Burghof. Das ist ein Heulen vor den Türen, keiner kommt zur Ruhe. Martin weiß genau, die Fürstin schickt diese Teufel. Sie schickt sie, damit niemand ihren Beschluss anzuzweifeln wagt.

Die Angst vor einem Feuer ist groß. Man kann ja nirgends hin. Tagsüber umschließt dichter Nebel die Burg. Es gibt keine andere Welt mehr als die zwischen den Hütten. Und die Ordnung geht dahin. Die Leute ersticken in ihrem Unrat.

Aus der Burg kommen Räte und lesen Verlautbarungen. Es gilt, sich gemeinsam gegen den Fluch zu stellen. Es gibt Suppenspeisungen. Aber in der Brühe schwimmt kaum Gemüse. Fleisch ohnehin nicht. Und in den Äpfeln, die verteilt werden, hat die Herbstfäule das Fruchtfleisch zersetzt. Und das Brot, das die Fürstin aus den Fenstern werfen lässt, könnte Feinde erschlagen, so hart ist es.

»Weshalb wir als uneinnehmbar gelten«, witzelt der Thomanns, der unablässig in seinem zugigen Unterstand herumwerkelt und sich bald einen schlimmen Husten holt, der ihn wie einen Höllenhund bellen lässt.

»Ich muss schneller arbeiten«, sagt er zu Martin. »Wenn ich mich nicht beeile, bringt mich womöglich der Husten um, bevor ich mein eigener Henker sein kann.«

»Ist das nicht eigentlich dasselbe?«, fragt Martin.

»An dir ist ein Philosoph verlorengegangen«, sagt der Thomanns und arbeitet weiter, ohne zu verraten, was er da eigentlich baut. Und außer Martin kümmert sich auch niemand darum. Die anderen vergessen ihn, weil er nicht mehr herumstreunt und seine Witze anbringt. Oder weil ein jeder mit sich selbst genug zu tun hat. Ob es sich lohnt, morgens aus dem Bett zu steigen. Ob es noch Sinn macht, freundlich zu den Nachbarn zu sein. Wo doch nicht klar ist, wer die dunklen Zeiten überleben wird.

Martin geht mit dem Hunger wieder Hand in Hand wie mit einem altvertrauten Freund. Auch der Reiter lacht den Hunger aus und sagt, dann wäre sein Leib wenigstens nicht mehr so schwer. Er versucht aufzustehen. Jeden Tag übt er und stemmt sich an seinem Stock in die Höhe. Dabei will er nirgendwohin und könnte auch gar nicht, er will lediglich so wirken, als sei er wieder genesen und stark. Wehrhaft vor allem.

Denn wehrhaft muss man sein. Und aufmerksam. Die Hoffnungslosigkeit des Ortes, die in Furcht zersetzte Zeit macht viele schnell gemein. Häufig rempelt jetzt mal einer gegen die Tür und probiert aus, was erwidert wird. Da wird sich bereits getraut, nach versteckten Vorräten zu fragen. Da wird bezweifelt, dass der Reiter Frau und Kinder schützen kann. Ist einer zu schwach, wird weggerissen, was nicht niet- und nagelfest ist. Einfach, weil es egal ist.

»Weil nur die niedrigste Gesinnung in solchen Zeiten überlebt, denn Güte und Ehre brauchen genug zu fressen«, sagt der Reiter.

»Es gibt Ausnahmen«, sagt Martin.

»Es gibt Ausnahmen«, wiederholt der Reiter.

Und als hier und da immer öfter ein neugieriges Gesicht am Fenster erscheint, tuschelnd um das Haus herumgeschlichen und an den dünnen Wänden gekratzt wird, schleppt sich der Reiter schließlich bis zur Tür.

»Stell dich hinter mich und stütz mich«, sagt er zu Martin.

Der Junge tut es, schiebt seinen Rücken gegen den großen Mann, der stellt den Stock beiseite und stößt die Türe auf.

Die Störenfriede, der Reiter kennt sie alle, springen ein paar Meter zurück und sind ordentlich erschrocken. Aber sogleich kommen sie wieder angewieselt. Der Reiter hält sich gerade. Die Arme locker verschränkt, die Beine fest in den Boden gestemmt. Als wäre es nichts.

»Na Reiterlein«, sagt einer von den Frechen. »Lang nicht mehr so munter gesehen.«

»Was willst du?«, fragt der Reiter.

»Nur schauen, wie es dir geht. Man macht sich ja so seine Gedanken.«

»Sonst ja eher nicht so deine Stärke. Das Denken.«

Der andere grinst. »Ich mein ja nur. Bist ja sonst immer unterwegs gewesen. Hoch zu Ross und so. Was haben wir auf dich gewartet, Junge, Junge. Und nun musst du selbst warten und sitzt hier fest. Das steckt nicht jeder einfach so weg.«

»Ja«, sagt der Reiter. »Noch etwas?«

»Hä?«, macht der andere.

»Nicht?«, fragt der Reiter. »Ich sag dir was. Sehe ich dich und deinesgleichen noch einmal in der

Nähe meiner Familie, musst du nie wieder auf etwas warten. Dann hast du das alles hinter dir.«

Das Grinsen des anderen gefriert. Irgendwie hatte er sich den Nachmittag anders vorgestellt.

Der Reiter schließt die Tür in aller Ruh. Nur gut, denn Martin kann ihn nicht eine Sekunde länger halten. Und der Reiter sich selbst auch nicht mehr. Sie schaffen es bis zum Bett, und dort lachen sie ein bisschen über die dummen Gesichter.

Nachts schreckt Martin hoch. Die Frau stöhnt und tappt in der Stube herum.

»Das Kind kommt«, sagt sie zu Martin. Der schlägt vor Glück die Hände an den Mund. »Wie schön!«, sagt er.

Dieser Junge, denkt die Frau dankbar und schluchzt auf. Dieses reine Kind. Ja, es ist schön, wenn es nur nicht hier auf dieser Burg geschähe, bei Nacht und in der schlimmen Zeit.

»Was soll ich tun?«, fragt Martin.

»Du musst die Hebamme holen«, sagt der Reiter.

»Er kann nicht hinaus. Es ist verboten«, sagt die Frau.

»Du brauchst die Hebamme«, beharrt der Reiter.

»Ich habe schon Kinder gekriegt«, sagt die Frau.

»Dann brauche eben ich, dass die Hebamme kommt«, sagt er.

»Aber die Geister«, ächzt die Frau und hält sich den tiefen Bauch.

»Das macht mir nichts aus«, sagt Martin. »Wirklich. Ich gehe.« Und ist schon bei der Tür. Ein Licht braucht er nicht und hätte ohnehin keines mehr gehabt. Draußen liegt der Hof in grautrüber Nacht, die nicht schwarz wird, weil die Wolken die Sterne verbergen. Schon seit Wochen verbergen. Schnee und Eis hängen darin fest.

Die Hebamme wohnt auf der anderen Seite des Hofs. Ihr Haus schmiegt sich dicht an das des Gauklers, des Henkers. Was so alles zusammengehört, denkt Martin und duckt sich zwischen den Hütten. Hört die Geister heulen, aber er glaubt nicht an sie. Er glaubt, dass sie nur gespielt sind, vielleicht Puppen sind, um die Burgbewohner zu ängstigen und in Schach zu halten. Vielleicht auch nur, weil die Fürstin Spaß an Grausamkeiten hat.

Und jäh erschrickt er dann doch, denn die schmale Tür neben dem Burgtor öffnet sich, wo doch niemand hinaus und keiner herein darf, bis die Reiter wiederkehren. Und was sieht er? Ein fürstlicher Jäger huscht über den Hof auf die Burg zu. Zwei Fasane als Beute über der Schulter, Enten und einen Hasen. Lustig schlüpft er über den Hof. Hat auch keine Angst, erwischt zu werden, wo doch die Geister heulen, dass es einem die Haare zu

Berge stehen lässt. Niemand wagt zu schauen, und so bemerkt auch niemand, was Martin jetzt weiß und längst geahnt hat. Dass die Fürstin nicht darbt wie alle anderen. Die ist gut versorgt.

Den Jungen packt Wut. Schnell ist er bei der Hebamme und klopft, aber von drinnen tönt ein Kreischen und es dauert lange, bis die Hebamme Martins Anliegen begreift, und es dauert noch länger, bis Martin sich mit ihrer Antwort abfindet. Sie kommt nicht mit. Sie ist feige und verkriecht sich lieber unter ihrem Bett.

»Aber du musst!«, schreit Martin. Da legt die Hebamme die Hände vor die Ohren und singt ein Gebet rauf und runter, nur das eine, die anderen hat sie vor Angst vergessen. Und wenn sie nur fest genug die Augen zukneift, verschwindet wohl auch der Bengel.

»Sie kommt nicht«, sagt Martin, als er wieder bei Frau und Reiter ist. Und so müssen sie es allein schaffen. Martin voller Mut. Mit diesem Vertrauen in eine Welt, die es nur in ihm gibt. Die er dem Kind einhaucht, das sich mit dem ersten Atemzug schwertut.

Und als sie es geschafft haben und Martin das kleine Wesen im Arm halten darf, da benennen sie es nach ihm.

27

Es muss das Ende sein. Was soll noch kommen? Wie soll die Würde wiederhergestellt werden? Und selbst wenn, so wird doch der nächste Herbst, der nächste Kranichzug das Elend wieder hervorrufen.

Die Frau liegt mit den Kindern im Arm des Reiters, der sie alle umfasst. Zäh ist er geworden. Grau und alt. Er behält die Tür im Auge. Aber es stört schon lange keiner mehr. Es fehlt an Kraft für Schandtaten.

»Es hat noch nie so ewig gedauert«, sagt die Frau, die unablässig das Baby stillt oder die anderen Kinder, damit sie vor Hunger nicht mehr so weinen.

Natürlich hat es noch nie so lange gedauert, möchte Martin dann sagen. Bislang war ja auch der kluge Reiter dabei. Der Mann, der jetzt mit letzter Kraft seine Familie beschützt und mit seinem Gewissen ringt. Welche Monster ihn wohl wach halten?

Selbst der Hahn ist dünn geworden und spricht

nur noch selten. Aber nachts, wenn Martin vor Hoffnungslosigkeit nicht schlafen kann, wiederholt er die trostspendenden Worte: »Du wirst es beenden, Martin. Du wirst es beenden.«

Und dann geht eines Morgens die große Glocke, und die hageren Gestalten stolpern aus ihren Häusern. Hohle Wangen und eingefallene Brustkörbe. Die Nerven von den nächtlichen Geistrufen zerrüttet. Und die Augen trüb, denn nichts Schönes haben sie mehr gesehen. Nichts Liebliches, und jede Stunde der Nebel so dicht um die Burg, dass kein Licht hindurchkommt, kein Ausblick möglich ist, bis man glauben muss, es gäbe nur diesen schlammigen Burghof bis ans Ende aller Tage. Es glimmt keine Lebenslust mehr. Aber die Glocke ruft und sie kommen.

Auch die Fürstin tritt auf ihren Balkon und schaut hinunter auf die armselige Vorhölle, die sie erschaffen hat. Was leidet sie. Der Geruch von dort unten. Sie hält sich ein Taschentuch vor den Mund.

Da steht der Thomanns. Nur mehr ein dürrer Schatten seiner selbst. Die Haare trägt er abgeschoren. Man erkennt ihn an seinen zweifarbigen Hosen. Martin ist als Erster bei ihm. Der Thomanns hat etwas errichtet. Hat Stück um Stück ertüftelt und gebaut, was vorerst keinen Sinn zu machen scheint. Die Schultern hält er gestrafft. Im Hemd mit gebauschten Ärmeln empfängt er sein krankes, müdes Publikum. Zum Balkon hinauf deutet er eine Verbeugung an.

»Es ist so weit«, ruft er stolz. Und seine Stimme trägt recht weit. Wo nimmt er die Kraft her? Er braucht sie wohl nur noch dieses Mal.

Der Reiter bleibt in der Tür. Auch die Frau und die Kinder.

Aber die anderen schaffen es bis zu ihm.

»Ja, kommt ruhig näher. Ihr seid mir ja die Liebsten. Für euch habe ich mir die Nächte um die Ohren geschlagen, mir den Kopf zerbrochen, wiewohl, da war nicht mehr viel drin.«

Er grinst. Wo sind denn seine Zähne, fragt sich Martin.

»Ja, unsere liebe Fürstin.« Er winkt hinauf zum Balkon. Sie rührt sich nicht. »Die hat mich mit einer kniffligen Aufgabe betraut. Ich solle mich selbst richten, aber töten dürfe ich mich nicht.«

Da versteht nicht jeder gleich den Unterschied, aber das ist nicht bedeutsam.

Marie tritt hinzu. Die Wochen haben ihr nichts anhaben können. Sie ist so zerzaust und freundlich wie ehedem.

»Wie schön, dass ihr alle gekommen seid«, sagt sie und spaziert lächelnd zwischen den anderen hindurch, als halte sie Hof.

»Genießt es«, ruft der Thomanns und küsst Marie im Vorübergehen die Hand. »Ich habe mein Bestes gegeben. Erzählt euren Kindern davon. Und euren Kindeskindern. Und Kindeskindeskindern, denn heute lernt der Thomanns fliegen.«

Marie applaudiert und kichert.

Der Thomanns stellt sich vor ein schaufelartiges Brett, schnippt mit den Fingern, da kommt die dreiäugige Ziege herbeigehumpelt. Sie beginnt, ein Seil anzunagen, das in einer Flüssigkeit getränkt wurde. Zuckerwasser. Das muss er sich vom Mund abgespart haben. Alles schaut. Der Gaukler lächelt. Er guckt Martin nicht mehr an. Er sieht nur noch eine versöhnliche Leere vor sich und wartet ab.

Kaum hat die Ziege das Seil zerkaut, löst das gerissene Tau eine Reaktion auf diesem Gerüst und zwischen den Dingen aus, und diese wiederum eine weitere, und diese wiederum eine weitere. Eine Fülle von heiteren Ereignissen setzt sich in Gang. Ein Eimer senkt sich, Wasser wird verschüttet und treibt ein Rad an, ein Stein plumpst in eine Schale mit roter Farbe, die Spritzer treffen das Publikum, bunte Tücher tanzen auf und nieder, rosa Puder färbt den Nebel. Marie klatscht begeistert in die Hände. Und weiter geht es. Aus Glut wird eine Stichflamme, Schnüre brennen, als würden Lichter daran emporeilen und hätten ein Ziel. Kugeln werden angestoßen und rollen eine Bahn hinab, ein kleines Mahlwerk zerreibt eine Schnur, vielleicht aus den Zähnen des Gauklers gefertigt, und während alle noch staunen und langsam ihr Lächeln wiederfinden, breitet sich auf dem Gesicht des Gauklers ein immerfort wachsender Friede aus. Gleich hat er es geschafft, denkt Martin.

Und im nächsten Augenblick fällt ein Stein, groß und schwer wie eine Kanonenkugel, kracht auf einen aufgestellten Keil, und mit einer einzigen schwungvollen Bewegung schleudert das schaufelartige Brett den Thomanns über die Burgmauer hinaus in den Nebel.

Alles ist so verblüfft, sogar die Stunde möchte anhalten. Da lernt er fliegen, durchfährt es Martin. Da stirbt er ohne uns.

Noch lange schauen die anderen in dieses Nichts, in das der Spaßmacher verschwunden ist. Sie können es nicht fassen. Lange warten sie, ob das nur ein Witz war und der Thomanns gleich wieder über die Mauer zurückgekrabbelt kommt, um ihnen eine lange Nase zu drehen. Aber er kommt nicht.

Schließlich zuckt die Fürstin mit den Schultern und ist im Begriff, den Balkon wieder zu verlassen.

Martin starrt noch immer in den Nebel, während die anderen es allmählich aufgeben, auf den Thomanns zu warten, und weiter ihrer Trostlosigkeit nachfühlen wollen. Aber da. Martin sieht es wohl zuerst.

»Schaut«, sagt er leise. »Seht ihr das nicht?«

Seht ihr nicht, wie der Nebel sich lichtet? Hat der Gaukler ihm eine gute Posse gegeben. Hat er mit seinem Flug ein Loch in die Wand gerissen. Vielleicht in die Zeit. Seht ihr nicht, wie die Sonne hinter den Schleiern glitzert? Gleißend heller Tag sich zeigt. Heller als alles Licht der vergangenen Wochen. Und immer schneller klart es auf. Wie gut das Licht ist. Und schön. Alle sagen »ah« und »oh«. Und wahrscheinlich ist es inzwischen Frühling. Sind denn die Berge noch da? Um sie herum die vertrauten Felsen und Schluchten und Wiesen im Tal. Wälder dort hinten, blauer Himmel, eine Welt, verloren geglaubt. Alle ringen um einen Platz, eine Sicht, alle halten die Nase in den Wind, lachen einander an, und dann sehen sie tatsächlich dort unten auf dem Weg hangaufwärts fünf Reiter auf Pferden.

»Die Reiter kommen!«, rufen sie und jubeln und fallen einander in die Arme, dass die Läuse ganz durcheinandergeraten.

Nur Martin erstarrt. Denn er weiß, sie haben die Kinder gefunden. Sie bringen die Kinder zur Burg.

Die Bewohner sind so geschwächt, kaum kriegen sie das Tor auf. Langsam ziehen die Reiter heran. Alle warten.

Nur Marie steht weiter an der Mauer und blickt hinab und in den klaren Himmel und wundert sich, wo ihr Bruder ist, und muss auch lachen, weil es doch so komisch aussah, wie er flog.

Die Reiter erreichen den Hof. Nicken gütig und etwas erschrocken auf die ausgezehrten Gesichter. Ja, sie haben lange gebraucht. Einige Versuche gingen schief. Der eine oder andere Entführungsfall lief nicht glatt. Es gab Zank zwischen den Reitern. Verwerfungen. Und sie haben es schließlich doch geschafft. Unter welchem Mantel verbergen sie das Mädchen? Unter welchem den Jungen?

Da ist aber noch jemand, den die Reiter mitgebracht haben. Der sitzt auf dem letzten Pferd. Der trägt ein verkleckstes Bündel bei sich, und als Martin ihn sieht, erkennt er ihn sofort. Der Maler.

Martin will rufen, doch ein Gefühl gießt sich in ihm aus, als würde er daran ertrinken müssen. Kein Ton zuerst, dann doch: »Maler!«, schreit Martin. Und möchte so gern zu ihm laufen, aber die Beine gehorchen nicht. Sind sie mit dem elenden Grund verwachsen? Ist Martin etwa schon zu lange hier und ein Teil der Burg, ein Teil der Schicksalsgemeinschaft geworden?

»Maler!«, ruft Martin wieder.

Und der hört ihn. Sieht den Jungen zwischen den anderen Gestalten. Rutscht sofort vom Pferderücken und läuft auf das Kind zu. Ruft seinen Namen. Umschließt ihn, hebt ihn auf. Diese vertraute Leichtigkeit. Dies zerbrechliche Menschenkind. Die guten Augen.

»Find ich dich hier«, sagt der Maler und merkt nicht, wie ihm die Tränen laufen. Martin lächelt. Nie hat er zu hoffen gewagt, den Maler einmal wiederzusehen.

Die Reiter schauen sich das eine Weile an, dann werden sie ungeduldig und fordern den Maler auf, sich zu beeilen.

»Die Fürstin wartet!«, sagen sie.

Der Maler winkt ab. »Du weißt doch, Martin«, sagt er. »Ich bekomme immer die verrücktesten Aufträge.«

»Du ahnst nicht, wie«, sagt das Kind.

Die Reiter fordern den Maler erneut auf. Martin darf nicht mit. Sie schubsen ihn ein wenig fort. Sie wollen ihre Beute nicht teilen.

Aber Maler und Junge wissen ja, sie trennt nur eine Burgmauer. Sie sind jetzt an einem Ort.

»Ich komme nach!«, ruft Martin dem Maler zu.

»War das dein Vater?«, fragt die Frau später in der Stube.

Martin schaut auf das Brot, das die Fürstin hat

verteilen lassen. Brot und Äpfel und für alle ein Stück Speck.

Er schüttelt den Kopf. Er hatte einen Vater. Und nun ist es Zeit.

»Erklärt mir das Schlafspiel«, sagt Martin.

28

Es dauert ein paar Wochen. Aber zum Frühlingsbeginn merkt man den Dorfbewohnern die Leiden der dunklen Zeit kaum mehr an. Händler sind wieder unterwegs. Die Fürstin spendiert Tiere zum Züchten, für Milch und Eier. Erstaunlich, wie schnell alle vergessen, wie schnell sich alle erholen. Die ruhigen Nächte sind heilsam. Auch ist wieder Kraft, um aufzuräumen, den Unrat zu beseitigen. Und als es wieder einen schönen Lebensfluss gibt, darf für das Schlafspiel vorgesprochen werden.

Es rücken Bauern, Viehtreiber, Bürger der mittleren Stände herbei, um sich anzumelden und ihr Anliegen vorzutragen. Wer das Schlafspiel gewinnt, darf seinen Wunsch der Fürstin vorbringen und bekommt ihn ohne weiteres erfüllt. Heißt es zumindest. Aber man sollte sich nicht darauf verlassen.

Vor dem Tor zum Burginneren ist ein Pult aufgestellt. Ein Schreiber und sein Handlanger erwarten diejenigen, die mitspielen wollen. Sie verwalten die Hoffnung. Es ist eine lange Reihe an Bittstellern. Nicht jeder wird durchgelassen. Keine Säufer, denn die machen nur Ärger. Frauen bitte auch nicht, das könnte Verwirrung stiften. Jammerlappen, die schon beim Antrag ihre Verzweiflung kundtun, nerven und werden ebenfalls abgewiesen.

Ein Kind hat sich noch nie angemeldet. Also ist man etwas ratlos, als nun Martin vortritt.

»Wie heißt du?«, fragt der Schreiber am Holzpult. Hinter Martin warten wohl zehn Mann.

»Martin.«

»Wie alt bist du?«

Martin weiß es nicht. Der Schreiber mustert ihn kundig. Die schönen Augen, in denen der Schmerz gewachsen ist, aber noch immer die Unschuld wohnt. Die langen, dünnen Gliedmaßen.

»Dreizehn, vierzehn?«

Martin nickt. Er ist so aufgeregt, sein Mund ist ihm ganz trocken. Der Schreiber notiert die Ziffer.

»Und dein Anliegen?«, fragt er dann.

»Ich will die Fürstin sprechen.«

»Das wollen alle. Aber was ist dein Anliegen?«

»Das möchte ich der Fürstin sagen.«

»Aber zuerst schreibe ich es auf.«

»Wozu?«, fragt Martin.

»Damit ich es ankündigen kann.«

»Du meinst, wenn ich gewinne.«

»Für den Fall, dass du gewinnst, könnte ich dich ankündigen«, sagt der Schreiber und trommelt mit den Fingern auf dem Pult.

»Wie wahrscheinlich findest du, dass ich gewinne?«, fragt Martin.

»Gar nicht.«

»Dann ist es doch völlig unnötig, dass du es aufschreibst.«

Die Männer hinter ihm grunzen. Der Schreiber seufzt.

»Du brauchst noch jemanden, der für dich bürgt.«

Martin versteht nicht.

»Jemanden, der für den Schaden, den du während des Spiels vielleicht anrichtest, aufkommt. Jemanden, der uns garantieren kann, dass deine Absichten ehrenhaft sind. Jemanden, der saubermacht, wenn du dich umbringen solltest.«

Martin ist ratlos. Was soll denn das? Der Schreiber fuchtelt mit seiner Feder herum.

»Ich weiß nicht«, sagt Martin.

»Also niemanden«, sagt der Schreiber und möchte den Jungen fortwedeln.

»Ich kann für ihn bürgen.« Eine Stimme. Die Frau des Reiters. Sie trägt ihr bestes Kleid. Sie steht kerzengerade und ist so schön.

»Ja gut«, sagt der Schreiber. »Aber du bist eine Frau.«

»Klug bist du«, sagt die Frau.

»Deswegen zählt nicht, dass du für ihn bürgst.«

Die Frau lacht. Aber der Schreiber lacht nicht.

»Im Ernst?«, fragt sie.

»Frauen zählen nicht.«

»Aber die Fürstin ist doch auch eine Frau«, sagt Martin.

»Nenn das nicht Frau«, murmelt der Schreiber.

»Dann bürge ich«, ertönt eine weitere Stimme.

Da teilen sich die Leute, und angehumpelt kommt der Reiter. Schwer auf seinen Stock gestützt. Und sein Wort zählt dann. Aber er setzt keine Unterschrift und behauptet, er könne nicht schreiben. Seine Frau tut es dann, und der Schreiber ist beleidigt.

Und also darf Martin am Schlafspiel teilnehmen.

29

Alle, die teilnehmen dürfen, werden im Burginneren vorbereitet. Weiße Hemden werden verteilt. Martin streift das seine über, es ist ihm natürlich zu groß. Jetzt sehe ich aus wie ein Gespenst, denkt er.

Die Regeln werden verlesen. Das geht recht schnell. Es gilt, am längsten nicht zu schlafen. Wer einschläft, ist draußen. Während des Spiels darf gegessen und getrunken werden, man darf reden, Karten spielen, sich beschäftigen. Die Spielenden werden streng überwacht, stehen unter ständiger Beobachtung, und nun viel Glück.

In den ersten zwölf Stunden belauern sich die Teilnehmer noch, schließen sich zu Zweckgemeinschaften zusammen, erzählen einander. Manche albern herum, vielleicht ist ihr Anliegen nicht so bedeutsam. Mag sein, sie haben nur irgendeine Wette verloren. Auch mit Martin wird gesprochen. Er bekommt Ratschläge erteilt. Man empfiehlt ihm, besser gleich aufzugeben.

Nach den ersten vierundzwanzig Stunden schlafen zwei ein, weil sie zu viel gegessen und getrunken haben. Die Wachen entfernen sie aus dem Saal, alle Übrigen dürfen den Raum wechseln.

Martin brennen die Augen, und er reibt sie sich oft.

»Geht es dir gut?«, fragt der Hahn.

»Es geht mir gut«, sagt Martin.

»Sprich mit mir. Du musst mit mir sprechen, um wach zu bleiben.«

»Sie werden glauben, ich bin verrückt«, sagt Martin und denkt immerzu an seinen Vater. Weiß ja nun, dass der auch so ein Hemd getragen haben muss. Kann es sogar dieses gewesen sein, das an den Ärmelaufschlägen bereits zerschlissen ist? Ein geflickter Riss quer vor der Brust. Ist der Vater mit dem Hemd hängen geblieben? Ist auch er die Räume abgeschritten, um wach zu bleiben? Hat auch er sich nur hingesetzt, wenn es ihm gerade sehr gut ging oder er etwas essen wollte? Hat er auch die Bilder angeschaut und die Löcher darin entdeckt, durch die unablässig Augen schielen? Hat auch er gespürt, wie alles Denken zu vibrieren beginnt? Ein Schmerz, der einem die Kopfhaut anhebt.

Nach sechsunddreißig Stunden reden alle wirr. Da wird auch gelacht. Schreckhaft werden sie. Und machen Krach, weil sie ihre Bewegungen nicht mehr einschätzen können. Wieder schlafen welche ein. Sie legen die Köpfe auf die eiskalten Marmorbänke vor dem Fenster und schlafen im Stehen.

Die Wachen wecken sie mit einem Tritt in den Hintern. Großes Geschrei beim Rauswurf.

Martin dreht Runde um Runde an den Wänden des Zimmers entlang. Lässt seine Finger über die Gegenstände gleiten, bis sie die Abfolge auswendig wissen.

Wieder wird der Raum gewechselt. Der nächste hängt voller Gemälde. Darauf immer die Fürstin mit Kindern. Von allen Seiten schaut das spöttische, harte Gesicht auf die Schlafsüchtigen hinab, die taumeln und lallen und sich gegenseitig ohrfeigen, um wach zu bleiben.

Der Hahn zwickt Martin unter dem Hemd. Der Junge beginnt zu fiebern. Er trinkt viel Wasser und gießt es sich auch über den Kopf, der so schmerzt und den er am liebsten ablegen würde. Die Schatten unter seinen Augen sind grau. Die Wachen beobachten ihn ganz genau. Aber Martin hält durch und wünschte manchmal, er würde nicht, denn allmählich beginnt ihn eine Angst aufzufressen, die er nie gekannt hat.

»Es ist nicht deine Angst«, sagt der Hahn. »Es ist die Angst der Kinder.«

Entsetzliche Furcht, die auf jedem dieser Bilder in den Augen der dargestellten Kinder wohnt. Fürstin mit Kindern und Hund. Fürstin mit Kindern auf einer Wiese. Fürstin mit Kindern beim Studium der Bücher, in Prachtgewändern, beim Musizieren, beim Reiten. Und die Kinder scheinen immer gleich, aber Martin weiß, es sind immer andere. Er sucht die Bilder nach der Godeltochter ab, vergleicht Augenform und den Schwung der Lippen, aber er findet das Mädchen nicht, und irgendwann weiß er gar nicht mehr genau, was dieses Mädchen von allen anderen unterscheidet. Da bricht er in Tränen aus.

»Ich habe vergessen, wie sie aussieht«, schluchzt er.

Die Angst der Kinder sickert wie Blei aus den Bildern, füllt den Raum an, bis Martin entsetzt auf einen Stuhl flieht, von dort auf einen Tisch und dann versucht, an der Wand hochzuklettern. Dabei reißt das Hemd an der geflickten Naht, und das Geräusch bringt Martin wieder zu sich.

»Genau so«, sagt der Hahn. Genau so ist der Vater verrückt geworden.

Als der Morgen graut, stürzt sich einer aus dem Turmfenster. Ein anderer schlägt so lange seine Stirn gegen die Steinmauern, bis ihm das Blut über die Augen rinnt.

»Das dürfte reichen«, triumphiert er. Und schläft trotzdem gleich ein.

Am vierten Tag steht Martins Kopf wie in Flammen und sein Herz stolpert. Er hat Schwierigkeiten zu atmen. Was sonst ein Leben lang so selbstverständlich war, wird ihm jetzt ein komplizierter Prozess. Als müsste er ständig daran denken, Luft zu holen und wieder auszustoßen. Oder müsse andernfalls ersticken.

»Was, wenn ich das auch vergesse?«, sagt Martin.

»Ich werde dich daran erinnern«, sagt der Hahn.

Die verbliebenen Spielteilnehmer werden ins Spiegelkabinett geführt. Sie sind nur noch zu dritt. Das Kind tut den Wachen leid. Kann sein, einer meldet nicht sofort, wenn Martin länger blinzelt, als das Blinzeln eigentlich dauert. Und einmal hat es wohl auch einen Stupser gegen das Bein gegeben. Damit er wieder aufwacht. Martin leidet sehr.

Im Kabinett kann ihm niemand mehr helfen. Hier ist er allein mit seinem Anblick und sämtlichen Dämonen, die sich in sein Spiegelbild drängen. Wie sie ihn aus dem trüben Bild seiner kämpfenden Seele noch jagen wollen.

»Lasst mich in Ruhe«, sagt Martin und muss ihnen doch allen erneut begegnen. Den Toten des Krieges mit den verfaulten Leibern und leergegrasten Schädeln. Dem tanzenden Thomanns und seinen gekrönten Ziegen. Der schönen Gloria mit ihrem klatschenden Baby. Dem toten Knaben, dessen Leib die Eltern nicht gehen lassen wollen. Er sieht den Wander-Uhle, den grässlichen Knaben. Und er ahnt die Grube, in der die ausgetauschten, weil überflüssig gewordenen Kinderkörper der Fürstin liegen. Sind es so viele, dass sie den Berg ausfüllen, auf dem die Burg steht?

Er sieht Wölfe zwischen den Spiegeln herumstreichen und hört, wie sie den Kranichen die Hälse durchbeißen.

Auch den Vater sieht er mit seinem weißen Hemd. Er sieht ihn winken aus einer fernen Nacht. Still und einsam auf der anderen Seite des Lebens. Und da ist die Fürstin, die dem Vater das Beil reicht. Oder ist es Marie? Ist es Franzi? Sind es der Seidel, der Henning? Wer gibt dem Vater das Beil, auf dass er heimkehrt und die Familie erschlägt, weil sich der Alp an seine Fersen geheftet hat?

Die Hand. Das Beil. Der Blick des Vaters. Martin hört sich schreien und den Hahn krähen. Er hebt einen schweren Becher und zerschlägt damit die Spiegel.

Ich halte alles an, denkt Martin.

Ich halte alles auf, denkt er.

Ich beende es jetzt.

Im nächsten Augenblick fällt Licht in das Kabinett. Eine Tür hat sich geöffnet.

»Komm mit«, sagt jemand. »Du hast gewonnen. Die Fürstin will dich sehen.«

30

Ja, nun darf er zur Fürstin. Hat das Schlafspiel gewonnen. Wird sein Anliegen vorbringen können. Die Kinder retten.

Ein wenig Geduld soll er aber noch haben.

Da wartet Martin also vor der hohen Tür und schläft im Stehen und würde fallen, wären da nicht die Wachen, denen das Herz übergeht, weil der Junge erbarmungswürdig aussieht, und da stützen sie ihn links und rechts und machen sich hart gegen Kritik, die da von den Hofdamen kommen könnte oder den vorbeieilenden Bediensteten. Aber niemand petzt und niemand sagt ein Wort, damit der Junge diese wenigen Minuten schlafen kann. Obwohl ihn wohl auch Kanonendonner nicht wecken könnte. Der Hahn lehnt sich an die Brust des Jungen, der Junge lehnt sich an den Arm des Wachpostens. Diese Erschöpfung, die Frieden in dem Wissen findet, es geschafft zu haben. Wie Martin glaubt.

Jetzt hat die Fürstin Muße, das Kind zu empfangen. Die Türe öffnet sich. Martin erwacht, während er auf seine Füße und in den Raum geschoben wird.

Das Zwitschern zahlloser Singvögel ist laut. Bunt und unruhig flattern sie durch den Raum. Hocken auf Kaminsims und Gardinenstangen. Auf dem Bettpfosten der Fürstin. Vogelkot überall. Der Boden bedeckt von weichen Federn.

Die Fürstin in der vertrauten Haltung. Von Kissen gestützt. Noch häufiger als vormals hustend. Das Baby im Arm. Auf der Bettdecke hocken die Kinder. Betäubt und sehr geschwächt. Die Rolle, in die sie gezwungen werden, ist noch ungewohnt. Sie leiden noch nicht lange. Deswegen leiden sie besonders.

Dort in der Ecke aber steht der Maler und arbeitet an einer Leinwand. Was entwirft er da? Grüne Wiesen und eine Picknickdecke. Doch Martin weiß, niemals mehr werden die Kinder unter freiem Himmel sein und Gras unter den Füßen spüren. Sie haben nur noch dieses Jahr. Aber was versteht der Maler davon? Ob er etwas ahnt? Er wirkt sehr ernst und sein Lächeln, das Martin nun erreicht, ist sorgenvoll.

Martins Herz tut so weh.

»Komm näher«, sagt die Fürstin. »Lass dich ansehen.«

Er tritt an das Bett. Die Fürstin hält Singvögel

auf der Hand und lässt sie Körner picken. Wenn sie hustet, fliegen die Vögel kurz auf, kehren aber gleich zurück.

»Ein Kind hat noch nie teilgenommen«, sagt sie. Sie atmet mühsam. Ihre Lunge macht ein kehliges Geräusch, wenn sie die Luft einzieht, und ein pfeifendes, wenn sie ausatmet. Es macht ihm selbst den Brustkorb eng.

»Du musst sehr tapfer sein«, sagt sie, und ihre Worte sollen freundlich klingen, aber Martin würde trotz allem lieber fortlaufen und ihr nicht länger zuhören.

Der Hahn strampelt unter Martins Hemd. Er holt ihn hervor und setzt ihn sich auf die Schulter.

»Das wunderbare Tier!«, ruft die Fürstin sofort. »Oh, ob es noch mal so etwas Wunderbares sagen kann! So etwas Lustiges! Verwegenes!« Sie freut sich so. Es ist nicht auszuhalten, wie sie sich freut, während das Mädchen auf der Bettdecke vor Schwäche umsinkt. Der kleine Junge sie wieder aufrichtet. Hastig. Ängstlich, bevor die Fürstin es merkt.

Und da sitzt die Angemalte und klatscht in ihre Hände. Martin reibt sich die Hände. Er muss es jetzt sagen. Er darf nun seinen Wunsch vorbringen. Es ist so weit.

»Ich will die Kinder mitnehmen«, sagt Martin.

Aber die Fürstin hat nur Augen für das Tier. Sie lockt den Hahn mit Körnern.

»Ich will die Kinder mitnehmen, hörst du?«, wiederholt Martin.

Der Maler lässt den Pinsel sinken. Nie mehr wird er dieses Kind verlassen.

»Putputput«, macht die Fürstin und gackert den Hahn an.

Martin wird zappelig. Warum hört sie nicht? Warum beachtet sie ihn gar nicht?

»Du musst damit aufhören«, sagt er. Wenig lauter. Er hat ja kaum noch Kraft. »Du darfst keine Kinder mehr stehlen!«

Da blitzt die Fürstin Martin an. »Wieso«, sagt sie. »Ich mache, was ich will.«

»Wieso!«, schreit Martin. »Wieso darfst du machen, was du willst? Es ist falsch, was du tust.«

»Aber mir gefällt es«, sagt sie.

»Weil du falsch bist. Du bist ganz falsch.«

Die Wachen tauschen Blicke. Soll man da einschreiten? Die Fürstin scheint nicht aufgebracht. Sie scheint satt und zufrieden. Die neuen Kinder machen ihre Sache gut. Es waren nur wenig Schläge nötig. Geweint haben sie auch viel weniger als die anderen. Es war noch gar nicht nötig, ihnen die Aussicht vom Glockenturm zu zeigen. Das wird ein gutes Jahr. Ein schönes Jahr mit ihren Kinderchen, die sie so liebt. Sie fühlt sich jung und stark. Ewig wird sie leben und ewig schön bleiben. Es tut ja so gut, sich selbst wieder zu spüren. Das ganze Glück der Jugend fließt durch ihren Körper. Sie wird eine gute Fürstin sein in diesem Jahr. Weise und klug. Wie schade, dass der Spaßmacher hin ist. Wo sie wohl einen neuen herbekommt? Zumindest einen Maler hat sie. Mit dem ist sie zufrieden. Und den Hahn wird sie sich natürlich nehmen. Vielleicht kann er Komplimente krähen. Das würde ihr gefallen. Säße er morgens auf dem Turm und würde zum Weckruf die Schönheit der Fürstin preisen. Ja, aber dieser Junge.

Was will noch mal dieser Junge? Warum regt der sich so auf? Ganz rot ist er im Gesicht.

»Sie hört nicht zu«, sagt der Hahn.

»Ach schau«, ruft die Fürstin erfreut. »Da macht er es wieder.«

»Gib mir die Kinder«, sagt Martin.

»Natürlich nicht«, sagt die Fürstin.

»Du musst«, sagt der Hahn. »Du musst sie ihm geben. Und du darfst nie wieder welche stehlen.«

Die Fürstin lacht ihn aus. »Und dein zweiter Wunsch?«, fragt sie schließlich. Sie will das Ganze mal heute nicht so eng sehen.

»Es gibt keinen zweiten Wunsch«, sagt Martin. Sehr leise sagt er das. Denn seine Ohren schmerzen und sein Herz stolpert in seiner Brust herum, als würde es den Ausgang suchen. Er kommt sich selbst so leicht und bebend vor wie ein Singvogel. Wo er doch eben, beim Betreten des Raumes, noch glaubte, ein Reiter zu sein, ein magerer Held, ein Kind, das reiten und heilen kann. All das scheint nun verloren. Die Fürstin hört nicht zu, und es ist nicht anders, als säße er in seinem Dorf und spräche mit dem Henning, dem Sattler und dem Seidel. Niemand hört zu und keiner hält sich an sein Versprechen.

Mag sein, dass die Fürstin dem einen oder anderen Gewinner des Schlafspiels schon mal einen Wunsch gestattet und erfüllt hat. Sogar Felder soll sie verschenkt haben. Also genau genommen hat sie die Felder anderen weggenommen und dann verschenkt, denn was kümmert es sie, ob damit die eigentlichen Besitzer vernichtet werden. Die ohne Feld keine Einnahmen mehr haben und nichts zu essen. Und aber Kinder zu versorgen und die alten Großeltern, die sich vom Heubodendach werfen, um nicht mehr zur Last zu fallen. Bei der Oma klappt es dann auch gleich. Beim Großvater nicht. Der bricht sich nur Schulter und Bein und ächzt sich die Leiter zum Heuboden erneut hinauf und wirft sich hinunter, Kopf voran diesmal. Und das klappt dann auch. Aber was weiß die Fürstin schon davon? Die sitzt hustend und schnaufend inmitten ihrer Singvögel, ihrer geraubten Kinder.

»Es ist noch nicht getan«, sagt der Hahn. Er sagt es in Martins versehrtes Herz. »Nur dieses Mal noch«, sagt das Tier.

Ich kann nicht mehr, denkt Martin. In mir ist alles alt und schon gelebt, vergangen längst und ausgeschöpft. Nun bin ich hier und kann keinen weiteren Gedanken, Aufschub, Rückschlag mehr ertragen. Sie gibt mir die Kinder nicht heraus.

»Es ist nicht dieser Moment, der zählen muss«, sagt der Hahn.

Längst hat der Maler die Pinsel und Farben sinken lassen und vergessen. Wie könnte er helfen? Er denkt, mein Gott, der Junge, er stirbt mir vor den Augen weg.

Zwischen ihnen jagen die Singvögel bunt. Das Zwitschern der Tiere kriecht Martin unter die Haut und nagt an seinen Knochen. Diese Federn. Die Rufe der Kraniche. Das vom Alter milchige Auge der Fürstin, das auch Tor zu einer Seele sein will. Aber schaut man hinein, ist da nichts, nur bleiches Wachs und ein fiebriges Selbst, eingewebt in den immerwährenden Husten.

Und natürlich kann Martin noch nicht wissen, was später einmal gewusst werden wird. Aber er kann sehen und sieht über seine fehlende Bildung und die Ahnungslosigkeit seines Jahrhunderts hinweg das schwächende Fieber der Fürstin, hört das Rasseln in ihrem Körper, das aus den verklebten und unbrauchbar gewordenen Verästelungen ihrer Lunge tönt. Er ahnt das Unheil, das von dem Bleiweiß auf ihrer Haut ausgeht. Wie es langsam in ihren Körper einsickert. Wie sie die trockenen Spuren von ihren Lippen leckt. Der Unterleib schmerzt. Sie liegt. Der Topf ist schon seit Tagen leer. Dann der Schimmelgeruch, der aus ihrem Bett dringt. Ob sie das überhaupt noch riecht? Der Staub zwischen den Federn der Vögel. Der Kot. All das macht krank. Entzündet ihren Körper. Jeder Flügelschlag in diesem Zimmer ist ein Schritt zum Tode. Und Martin hat vielleicht gedacht, er hätte alles getan und alles gegeben, aber eines bleibt ihm noch zu tun. Es sind nur ein paar Schritte bis zum Bett.

Den geliebten Hahn streichelt er sanft und langsam, so langsam wie seine Schritte auf die Bettstatt zu.

Geliebter Freund, denkt Martin.

Jetzt ist es so weit, klingt die Stimme des Hahns in seinem Kopf.

Und dann ist Martin bei der Fürstin und setzt ihr, dieser Hexe, Tyrannin, Mörderin, den Hahn auf die kranke Brust, und der Hahn beginnt einen irren Tanz auf dieser Frau. Krallt sich fest und schlägt mit den Flügeln, dass Staub und Dreck nur so fliegen. Die Fürstin kreischt und schluckt den Dreck. Den Staub ihres eigenen Untergangs. Immer noch scheint alles langsam. Martin erreicht das Bübchen, das achtjährige, kaum größer als ein Kind von fünf, und nimmt es huckepack. Der Kleine hat sich eingenässt. Sie werden sich später darum kümmern.

»Halt dich fest«, sagt Martin zu dem Kind.

Und auch der Hahn hält sich fest und bleibt auf der Brust der Fürstin. Und der Maler lässt Farben, Pinsel, Schemel stehen und nimmt das Mädchen. So betäubt ist es, kaum kann es die Augen öffnen.

Niemand wird sie aufhalten, während die Fürstin stirbt.

Martin, der Maler und die Kinder durcheilen die Gänge und Säle. Mehr und mehr Bedienstete kommen ihnen entgegen. Der Zustand der Fürstin lässt das Schloss erzittern. Alle, alle wissen plötzlich davon, als hätten es die Sittiche erzählt oder die Bilder von den Wänden. Die Ersten laufen zum Lager der Herrin. Wollen helfen oder meinen, sie müssen. Bleiben aber stehen, alsbald sie das gespenstische Schauspiel erblicken. Das verfärbte Antlitz der Fürstin und wie ihr die Adern aus dem Hals treten wollen. Wie die Krallen des Hahns ihre Kleidung zerreißen. Überall regnet es Federn aus den Kissen. Schneegleich.

Tot. Sei doch endlich tot, schießt es den Hofdamen durch den Sinn. Wäre das nicht einmal was? Wenn sie fort wäre und es keinen Nachfolger gäbe? Da hätten sie was zu erzählen. Dass sie bei den letzten Zuckungen noch dabei gewesen seien. Und geweint hätte niemand. Und beerdigen hätte sie auch niemand wollen. Weshalb sie ihre steife, schwere Leiche zu jenem Schacht geschleppt hätten, in dessen Elend die zahllosen Kinder Jahr um Jahr sterben. Also da hinein jetzt sie. Dort solle sie von den Toten verfolgt und aufgezehrt werden.

Martin und der Maler erreichen den Burghof, auf den mittlerweile alle geströmt sind. Als hätte man hier unten bereits gehört, es geht etwas zu Ende. Vielleicht glauben die Dorfbewohner, ein Beben im Berg gespürt zu haben, ein Grollen, das den Einsturz bringen wird. Aber so einfach wird es ihnen nicht gemacht. Sie werden nicht fortgerissen und sterben. Sie müssen damit leben, was war, und werden damit leben müssen, was da noch kommt. Und Martin wird es aushalten müssen, dass es keinen Abschied geben kann, denn zwischen ihm und den anderen, ob Reiter, Frau des Reiters, vielleicht sogar Marie, steht das Wissen um die geretteten Kinder, das Wissen um ihr Leid. Da muss zurückweichen, dass er gern die Frau noch in den Arm genommen hätte. Aber es ist nicht mehr aushaltbar.

Und die anderen tun auch nichts. Rühren sich nicht. Die Schande. Die Scham. Damit haben sie fürderhin zu tun, und selbst leugnen wird da nicht mehr viel nützen.

Der Hahn flattert aus dem Turmfenster und sucht unter Martins Hemd Ruhe von der ekelhaften Anstrengung. Martin hält ihn sicher.

Das Pferd des Reiters, ob es wohl zufällig am Burgtor steht? Jedenfalls liegt eine Decke darauf. Ein Beutel mit Essen findet sich auch. Martin hebt den Buben auf das Tier. Der Maler setzt das Mädchen dazu. Sie führen das Tier aus der Burg hinaus. Fort von dem Hof. Den Berg hinab. Und ins Tal.

31

Zwar ist das Schlimmste ausgestanden, aber die Genesung dauert und Rückschläge sind zu befürchten. Martin träumt und schreckt nachts hoch und braucht sehr lang, bis ihn die dunklen Schatten der Wälder, die sie während ihrer Rückkehr durchstreifen, beruhigen. Das karstige Gelände der Berghänge wechselt bald zum schlammigen Grund durchnässter Wiesen.

Es gibt erst einmal kein Wissen darum, woher die Kinder stammen. Die Schilderungen ihrer Heimatdörfer klingen wie jedwede Schilderung irgendeines Ortes, der einem Kind Heimat gewesen ist. Sie wissen alles über Kühe und Ziegen, die Zwille des Nachbarjungen und die schlechten Angewohnheiten des Pfarrers, aber gar nichts über den nächsten Ort oder den Ausblick hinter dem Hügelkamm.

Der Maler fertigt eine grobe Karte, auf der er die Gebiete vermerkt, die sie seit dem Verlassen der Burg durchreist haben. So kreuzen sie an, wo sie bereits gesucht haben, und endlich erblicken sie eine Landschaft, die einem der Kinder vertraut vorkommt.

Es ist der Bub, den sie nach Hause bringen. Den sie bis an die niedrige Tür der Eltern bringen. Die Mutter nimmt das Kind in den Arm. So fest. Ob sie es erdrückt? Dank in ihren Augen reicht Martin, denn ein anderer Dank kann ohnehin nicht gelingen. Wo er doch die Kinder dem Teufel entrissen hat. Also war er dem Teufel nah und hat mit ihm gerungen. Niemand wird ihm ohne Schauder gegenübertreten können. Also ist er rasch wieder unterwegs, um die Heimat des Mädchens zu finden, in deren Gesicht Martin immer noch die Godeltochter erkennt. In seinen Träumen entschuldigt er sich bei ihr, weil er sie nicht hat retten können. Aber dafür alle Kinder, die so sind und sein werden, wie sie es war.

»Ich bin so müde«, sagt Martin manchmal. Und dann ist es nicht mehr wichtig, ob er es zum Hahn sagt oder zum Maler.

Dann versucht der Mann, das Pferd zu lenken, und führt sie über sandigen Waldboden und durch kleine Bäche.

»Es ist so viel, an das ich mich erinner«, sagt Martin.

»Du bist noch ein Kind«, sagt der Maler.

»Mehr ertrage ich nicht.«

»Es wird jetzt anders«, sagt der Hahn.

»Wird es das?«

»Du darfst dich ausruhen. Du darfst hoffen. Du darfst wünschen.«

»Und was soll das sein?«, fragt Martin.

Der Hahn antwortet nicht, und der Maler weiß es nicht. Der Junge bleibt lange stumm. Und es ist wahr. Er hat sich einmal etwas gewünscht. Das war immer da und ganz natürlich, so dass der Wunsch in all der Zeit wie ein schwaches, immerwährendes Licht in ihn hineingewachsen ist. Dann aber allmählich erstickt war durch all das Tun, weil ihn seine Aufgabe erfüllen musste. Und nun wäre wieder Raum für diesen Wunsch, der verborgen in ihm liegt. Martin fühlt das sanfte Ziehen und legt den Wunsch Stück um Stück frei. Und sitzt oft mit am Feuer, schaut mit großen Augen vor sich hin und ist nicht ansprechbar, während Funken aus den Hölzern in den Himmel stieben.

Dann finden sie die Heimat des Mädchens, und auch Martin scheint die Gegend vertraut.

Die Mutter kann es kaum fassen, ihr Mädchen wiederzubekommen. Sie fällt weinend zu Boden. Es braucht lange, bis sie das Kind überhaupt in den Arm nehmen kann. Wer da nicht mitweint, ist selbst schon tot.

Zum Dank bekommen sie die Vorräte aufgefüllt. Martin und der Maler ziehen weiter. Gemeinsam haben sie nun Platz auf dem Pferd. Vielleicht werden sie es verkaufen und dafür Farben für den Maler erstehen. Oder ein Zuhause.

Als es wärmer wird, rasten sie an einem Fluss. Martin badet darin, während der Maler am Ufer sitzt und gar nicht daran denkt, sich zu waschen. Stattdessen stellt er sich vor, wie er malen würde, was er sieht. Die hellen Steine und das spiegelnde Wasser. Im Hintergrund die Waldkante. Blauer Himmel darüber und weiße Wolken, fein zertupft wie Federn. Da schreit der Martin plötzlich auf und reißt den Kopf aus dem Wasser.

»Die Franzi!«, schreit er.

Die will er wiedersehen! Die soll mit ihnen gehen! Noch einmal in das Dorf. Noch einmal zurück an den Anfang.

»Hast du dir das gut überlegt?«, fragt der Maler.

»Nein. Gar nicht«, sagt Martin.

Der Junge strahlt. Die dunkelste Stunde kann er mit seinem Lächeln erhellen. So rein ist sein Wesen, so leuchtend die Hoffnung auf Glück.

Das Bild der Franzi vor Augen, ist dem Jungen gleich alles ganz leicht. Nass am Leib schlüpft er in Hemd und Hose, treibt den Maler zum Aufbruch an.

Der sieht die Eile nicht notwendig. Er möchte dem Kind raten, es lieber nicht zu versuchen und das Dorf niemals mehr zu betreten. War das nicht einmal der Plan gewesen? Denn die Menschen sind schrecklich. Und der Franzi, diesem flinken Geist, hineingeboren in die falsche Zeit, der werden sie wohl inzwischen beigebracht haben, wie sie zu sein hat: Schön, aber nicht blühend. Kraftvoll, aber eher wie ein Arbeitstier. Gewitzt, aber nur, um anderen den letzten Taler abzuknöpfen und sich einen Vorteil zu verschaffen. Aber doch nicht klug.

Wenn es sich der Maler überlegt. Die Franzi und der Junge. Mein Gott, sie könnten die Welt aus den Angeln heben. Das würde der Welt einmal guttun. Wenn dann bloß das ganze elende Drecksvolk in den Himmel stürzen würde. Oh. Da hat der Maler gleich eine Idee für ein Gemälde. Still wird er und sieht es vor sich. Ein Bild, das nicht den Engelsturz zeigt und auch nicht die Auffahrt Jesu, sondern den Fall der Menschen in die Wolken. Als würden sie davongerissen mit großgefürchteten Augen und wild verdrehten Gliedern, damit die Erde für die Guten übrig bliebe. Wie schön das wäre, wenn einmal die Flüsse nicht voll Blut wären und die Fische mit den Bäuchen nicht nach oben darin trieben. Wenn die Felder blühen dürften, ohne heimliche Orte der Schändung sein zu müssen. Ohne dass die neuen Pflanzen durch zerfetzte und zerschnittene, vom Leib gerissene Kleidung hindurchkeimen und sich den Weg zum Licht suchen müssten. Es wäre friedvoll und, mag sein, auch ein wenig langweilig. Vielleicht sogar so langweilig, dass dem Maler auf lange Sicht die Ideen für seine Bilder ausgehen würden. Und da fragt er sich, ob er damit leben könnte, wenn es nichts Grausames mehr gäbe, was sich mit Farbe auf Leinwand abbilden ließe. Dann würde er wohl für immer den Jungen malen. Nur mehr ihn, und er bräuchte dafür keine andere Farbe mehr als Gold.

Martin ist erst einmal durch diese Gegend gekommen. Als er ging. Vor langer Zeit. Doch scheint ihm jeder Stein vertraut. Sein Inneres zieht sich zusammen. Nicht wissend, wie man so was nennt, fragt er den Maler.

»Vorfreude«, sagt der. »Das nennt man Vorfreude.«

Das leuchtet Martin ein, denn er freut sich so sehr auf die Franzi und darauf, sie mitzunehmen. Er kommt gar nicht auf den Gedanken, sie könne nicht wollen oder nicht mehr da sein.

»Du weißt, sie könnte auch tot sein«, sagt der Maler.

»Das passt nicht zu ihr«, sagt Martin.

»Sie kann geheiratet haben. Vielleicht hat sie Kinder.«

»Ich mag Kinder«, sagt Martin.

»Bestimmt wird das alles nicht so einfach.«

»Es wird viel einfacher«, sagt Martin.

»Herrgott«, entfährt es dem Maler. Er hat Angst, dass Martin enttäuscht wird. Wo er doch so viel bereits getan hat. Wenn er sich doch bloß nicht noch mehr quälen müsste.

»Lass gut sein«, sagt der Maler, und sie reiten Tage und schlafen unter freiem Himmel.

Einmal reiten sie durch ein Aschefeld und merken erst zu spät, dass es die Asche zahlloser Verstorbener ist, die puderleicht unter den Hufen des Pferdes aufsteigt. Und ganz gleich, wie langsam sie das Tier gehen lassen, die Asche wirbelt auf, setzt sich wie ein grauer Schleier auf ihre Haut und ihr Haar, und graue Staubwolken ziehen sie hinter sich her, dass man sie noch von der anderen Seite der Erde aus sehen müsste. Asche klebt ihnen die Nasenlöcher zu und dörrt ihnen die Kehlen aus. Sie müssen ausspucken und sich schneuzen. Später finden sie einen Bach und spülen sich die Toten von der Haut, reden nicht über die Knochen und Schädel, die inmitten der Aschewüste verstreut lagen.

Allmählich gewöhnen sie sich an das Pferd. Sie

lassen es grasen und freuen sich, wenn es sie ein Stück trägt. Franzi würde es gefallen, darauf zu reiten, denkt Martin.

Sie begegnen niemandem in diesen Tagen. Nicht mehr weit, weiß der Junge. Es kann nicht mehr weit sein. Das nächste Stück Wald wird durchmessen, die Anhöhe, auf die sie hinausreiten, der Weg hinab. Martin erkennt die Strecke. Hier hat er den Reiter gesehen und verfolgt, hier ist der Rappe gestiegen, während Martin versucht hat, ihn einzuholen. Unter dem Mantel damals verborgen die Godeltochter. Der Junge wird blass ob der Wucht der Erinnerung.

Und nun erreichen sie endlich das Dorf. Kein Jubellaut. Die Aufregung ist besonders groß. Der Junge sieht gleich, dass sich aus den Schornsteinen Rauch kräuselt. Sieh an, es scheinen noch alle da. Der Maler knirscht mit den Zähnen und wünscht, er hätte Martin abhalten können, aber der führt das Pferd unverdrossen die Straße hinan, bis sie auf dem Platz angelangt sind. Der Brunnen, das Kirchentor, die Hagebutten und dort, im Schatten eines Baumes in ewiger Triade, der Henning, der Seidel und der Sattler, die auf Stein und Stuhl an einem Tischchen Karten spielen.

Sie rufen aus, was sie haben, sie melden ihre Stiche an. Es ist ein Heben und Senken von Karten, ein

Aufklauben der Bildchen vom Tisch. Neuerliches Austeilen, der grimmige Blick in das Kartenblatt, das dann vor die Brust gepresst wird. Sie kauen auf ihren Lippen herum, der Seidel schneuzt Blut aus der verkrusteten Nase. Beim Näherkommen ist zu sehen, sie tragen Blessuren. Blau geränderte Wangen, Ergüsse, ein zugeschwollenes Auge, geplatzte Unterlippe, abgerissene Hemdsärmel, was ist hier los?

Martin stellt das Pferd am Brunnen ab. Sehnsüchtig sein Blick zur Wirtschaft. Ob die Franzi noch darinnen ist? Eine Katze streunt vorbei. Schatten hinter einem Fenster.

Die drei spielen und spielen, bis der Maler und Martin sich ihnen nähern. Der Maler fragt: »Um was wird denn gespielt?«

Ein Schwein oder Huhn, die Ehre – so man welche hat oder zu haben glaubt –, einen Krug Schnaps, worum wird wohl gespielt.

Die drei bleiben die Antwort erst einmal schuldig, sind sie doch mit Staunen und Starren beschäftigt. Dieses verflixte Kind schon wieder. Nein, kein Kind mehr. Groß und kantig im Gesicht. Die guten Augen. Verdammt, warum lebt der Bursche überhaupt noch.

»Du!«, entfährt es dem Henning. Und natürlich meint er beide. Den Maler, der ihnen das Altarbild verhunzt hat, und den Jungen, der ihnen das Zufriedensein mit sich selbst verdirbt.

Martin grüßt. Der Seidel blinzelt, der Sattler hüstelt und hält sich dabei die angebrochene Rippe.

»Um was wohl?«, sagt der Henning jetzt. »Was gibt es wohl hier oben, um was sich spielen ließe?«

»Die Franzi«, sagt Martin.

»Verfluchter Junge«, sagt der Seidel.

»Ich mag sie holen«, sagt Martin.

»Wovon spricht der?«, sagt der Sattler.

»Die Franzi«, wiederholt Martin.

»Ja«, sagt der Henning. »Um die Franzi geht es.«

»So ein Weibsstück.«

»Ihr spielt um die Franzi?«, hakt der Maler nach.

»Ja, sicher.«

»Ich hole jetzt aber die Franzi«, sagt Martin ruhig.

»Tust du halt nicht.«

»Aber ich will sie mitnehmen.«

»Da wirst du sie wohl erst einmal fragen müssen«, sagt der Seidel.

»Genau wie ihr sie fragt, ob ihr um sie spielen dürft?«, fragt Martin.

Da schweigen sie ein bisschen und wölben die neu zusammengesteckten Karten.

»Wenn man hier richtig spielen würde, wäre die Franzi schon längst meine«, grunzt schließlich der

Henning. »Aber die Hundeärsche hier schummeln ja so, als würden ihnen die Asse aus den Ohren wachsen.«

»Wer schummelt?«, fragt der Seidel.

»Und wer ist hier der Hundearsch?«, fragt der Sattler.

Da haben sie sich schnell in den Haaren.

Man kann sich fragen, wie lang das bereits so geht. Ob schon seit Jahren, zumindest Wochen um die Franzi gespielt wird, aber jede Partie im Streit endet, weshalb niemals ein Ergebnis erzielt wird und alle drei Verlierer bleiben, ganz dem entsprechend, was sie zumindest vor Martin und dem Maler ohnehin darstellen.

Ein Hieb auf das Nasenbein, ein knirschend hässliches Geräusch, der Sattler jault auf, Blut sprüht ihm über Hemd und Hand.

»Ist ja toll, wie ihr das macht«, sagt der Maler. »Und wo ist nun die Franzi?«

»In der Kirche«, keucht der Seidel und schwitzt im Sattlergriff.

Martin dreht sofort bei und nimmt Kurs auf das Kirchengebäude. Da springt aber gleich der Henning auf. Auch der Sattler lässt unvermittelt vom Seidel ab, der kommt natürlich mit. Sie drängeln sich an Martin vorbei und versuchen gleichzeitig, durch die gottgefällig bescheidene Tür zu gelangen.

Das Innere ist dann dunkel und muffig. Auch verwahrlost. Laub ist hereingeweht und nie fortgewischt worden. Birkenstaub klebt vom Frühling noch auf Bänken und Lehnen.

Eine unfassbare Kühle, die in den Mauern wohnt und in Martin die Erinnerungen seiner Existenz aufruft, als hätten sie sich zu melden. Und da gehören auch jene Erinnerungen hinzu, die sich ihm eigentlich verschließen müssten, weil er zu klein gewesen war.

Wie er in dieser Kirche getauft wurde. Schnell und bescheiden, aber von lächelnden Menschen getragen. Die harten, abgearbeiteten Hände der Mutter. Trotzdem warm, und abends ihr langes Haar auf seinem Gesicht, wenn sie versuchte, sich zu kämmen und den kleinen Jungen gleichzeitig zu stillen. Glück hier. Das Brummen des Vaters, um ihn zu beruhigen. Denn geweint hat er. So viel geweint, als könne er in sein Schicksal schauen und darüber bereits untröstlich werden. Den Jungen beklagen, der er einmal sein muss. Den Jungen, dessen Füße voller Blasen sind, dessen Leib voller Wunden, während das kleine Säuglingsselbst noch unversehrt und weich ist. Ganz neu und rein in all dem Durcheinander der kleinen Hütte, in der geschimpft und gelacht wird, in der Suppe dampft und anderntags wieder gehungert wird. In der er

Küsse von den Geschwistern bekommt. Und sein Weinen erst ein Ende nimmt, als die Mutter mit dem Besen einen frechen Fuchs von den Hühnern wegscheucht und dafür das Baby auf den Sandboden legt, zwischen all die Körner, wo ihn der Hahn findet.

Das Tier stolziert um das Kind, es wird einander betrachtet, ab diesem Moment hat das Schreien ein Ende, und Martin wird nie wieder mäkeln und weinen. Seine Augen sind jetzt ganz neugierig, groß und schön. Alles kann nun in ihnen ruhen. Ewig sind sie auf das schwarze Tier gerichtet. Und auch das Tier, nun umgekehrt, schaut nur noch nach dem Kind und gibt keine Ruhe, wenn es nicht bei ihm ist. Ab da unzertrennlich und ganz friedlich miteinander. Und der Vater hat mit der Schulter gezuckt. Was solls, dachte er, dass es ein Hahn ist, und die Leute reden. Das Kind ist glücklich. Sei's drum.

Martin legt die Hand um den Hahn. Den treuen Freund. Die Erinnerungen verblassen wieder, denn vorn im Kirchenraum sitzt eine Gestalt und betrachtet das Altarbild, das die Dorfbewohner hassen. Franzi hingegen liebt es. Das Bild, auf dem Martins milder Ausdruck das Gesicht des Gekreuzigten ziert. Und sie ist es, die dort vorne sitzt.

Beim Gedrängel an der Türe wendet sie sich um,

furchtlos vor den drei Männern, die um sie spielen, als habe sie keinen Verstand und kein Recht, dagegen aufzubegehren. Sie erblickt den Jungen und ein Leuchten geht über ihr Gesicht. Die reine Liebe.

Gerne wäre sie ihm entgegengelaufen. Aber sie weiß, sie werden Zeit haben, einander zu umarmen. Den Rest ihrer Leben werden sie Zeit dafür haben. Die Lage überblickt sie auch ganz genau. Es ist doch das Immergleiche. Das ganze Hin und Her beim Betreten der Kirche, der ewige Streit, weil die drei Bekloppten nicht gemeinsam durch die gottgefällige Tür passen.

Die drei sind echt verzweifelt. Ob denn der Martin, immerhin weit gereist, da nicht Rat wüsste? Wenn sie ehrlich sind, hätten sie gern wieder ihre Kirchentüre zurück. Womit sich wieder die Frage nach dem Schlüssel bemüht findet. Also auch die Rätselei um mögliche Gewalt an der Tür, die durch das Einbauen einer zweiten ja im Grunde längst entweiht wurde.

Wo denn der Hansen sei, fragt der Martin. Sehr ruhig fragt er es.

Man tauscht Blicke und hat wohl Mühe, sich zu erinnern.

»Der verrückte Hansen«, hilft Martin auf die Sprünge. »Der Orgelspielhansen.«

»Na, tot ist der«, lautet die Antwort.

»Bedauerlich«, sagt Martin. »Und wie ist er beigesetzt worden?«

»Na liegend«, lautet die Antwort.

»Nein«, sagt Martin. »In welcher Kleidung? Trug er ein Totenhemd? Oder trug er seine normale Kleidung?« Die ewige Joppe des Hansen. Rot mit verschossenen Bändeln.

Die Männer tauschen einen Blick.

»Ein Totenhemd hat er nicht gehabt. Wie denn auch? Hat ja auch kein Weib zum Nähen oder Sticken gefunden bei dem Dachschaden.«

»Was ein Wunder, dass ihr eins abgekriegt habt«, sagt die Franzi. Martin liebt sie sehr.

Es ist schon schlimm, wie das Dorf vor die Hunde gekommen ist. Kein Pfarrer mehr und kein Bestatter, weshalb hier der Henning, der Seidel und der Sattler alle wichtigen Entscheidungen treffen, was über kurz oder lang das Dorf vernichten wird, so viel ist mal sicher. Denn die drei sind aufgrund ihrer Eitelkeiten überaus beschränkt, und zwar von großer Gemeinheit und Selbstherrlichkeit bei dürftigem Verstand. Also werden auch Beerdigungen quasi aus der Erinnerung heraus begangen und da vergisst man wohl das eine oder andere. Man kann von Glück sagen, dass die Leichen überhaupt die Särge treffen. Jedenfalls ist der Hansen in seiner Joppe beerdigt worden. Aha.

»Schön«, sagt Martin. »Dann müsst ihr ihn ausgraben und in seiner Jacke nach dem Schlüssel suchen.«

Die andern gucken dumm. Und Martin freut sich darüber.

»Wisst ihr denn nicht mehr?«, fragt er und erinnert an den Tag des Gewitters, als der Maler kam, der Schlüssel fort war und Martin den Weg zum Pfarrer antrat. »Die Tür war verschlossen, aber drinnen war doch der Hansen.« Der die Tür von innen abgeschlossen haben musste. Wie sollte es wohl sonst gewesen sein.

Der Maler lacht. Dieser Junge. Er möchte sich totlachen.

»Das flunkerst du nur«, sagt der Henning, weiß aber noch sehr genau, obwohl er es lieber nicht wüsste, wie ihm der Hansen entgegengetorkelt gekommen war. Und selbst dem Henning muss nun einleuchten, dass der Hansen zuvor also darinnen gewesen sein und wie aber dann ohne Schlüssel die Tür verrammelt haben sollte. Verdammt. Warum ist ihnen das nicht aufgefallen? Er weiß ja, dass der Martin klug ist. Aber sind sie selbst denn nun tatsächlich so blöd?

Die Erkenntnis sickert ihnen in die Füße, mit denen sie unruhig auf dem Boden scharren.

»Ihr könnt nachschauen«, sagt Martin. »Wenn

ihr nicht einig werden wollt, wer als Erster in die Kirche darf, braucht ihr eine größere Tür. Und ihr habt eine größere Tür. Und den Schlüssel dazu trägt der Hansen im Wams.«

»Warum hast du das denn nicht früher gesagt?«, fragt der Seidel.

»Ich bin nur ein Junge«, sagt Martin. »Was weiß ich schon?«

»Und wie kommen wir jetzt an den Schlüssel?«

»Na, ausgraben müsst ihr den Hansen«, sagt Martin. Da macht die Franzi große Augen.

Die drei Männer stehen starr, und es ist wie immer, wenn etwas innehält, das eigentlich so unverbrüchlich gleich und immer in Bewegung ist. Dann tritt etwas anderes aus der Ruhe heraus und wird ganz klar.

Wie träge das Vogelgezwitscher vom Abend kündet. Wie die Kühe auf der Weide brüllen, weil der Drefs ein so schlechter Melker ist, dass immer die Hälfte der Kühe ungemolken bleibt und die Tiere vor Schmerzen in den übervollen Eutern fast wahnsinnig werden. Dazwischen ist das trockene Rascheln in den Bäumen zu hören. Die Mäuse huschen durch die Äste bei den Büschen. Und wie es riecht. So wunderbar nach feuchter Erde. Nach Franzis Haut.

Obwohl Martin noch nie so nah an ihr gewesen

wäre, als dass er es wüsste. Aber dieser Duft, ganz anders als alles. Das muss ihr Duft sein.

Martin greift nach Franzis Hand. Ihre Finger schmiegen sich sofort in seine, als hätten sie nie etwas anderes getan. Jetzt ist die Zeit, denkt er und weiß, auch der Hahn denkt es in ihm, und so gehen sie.

Martin braucht die Franzi gar nicht aufzufordern oder an ihrer Hand zu ziehen. Kaum hat er es gedacht, hat sie sich auch schon mit ihm umgewendet und geht mit. Ohne zu zögern. Auch der Maler wendet sich um. Und so gehen sie.

Und werden nicht mehr wissen, ob die drei den armen Hansen ausgegraben und den Schlüssel gefunden haben. Oder ob sie heute noch darüber streiten, ob sie es tun, oder ob sie vielleicht Karten darum spielen, wer den Hansen ausgräbt. Und könnte man in die Zukunft schauen, so ahnte man die drei als dünngetrocknete Greise, die, gegerbt von Gemeinheit, immer noch Reden schwingen und Karten spielen, bis sie nicht mehr wissen, worum sie spielen. Und einmal werden sie wohl die Nasen in die Luft halten und sich an den Mann erinnern, der für alle im Dorf das Kreuz auf sich nahm, um bei der Fürstin nachzufragen, wie es mit den Abgaben in den Hungerjahren bestellt wäre, und der versuchen würde, für die Dörfler einzustehen, und verlieren würde und verrückt dabei werden und seine Frau, seine Kinder, bis auf den jüngsten Sohn, erschlagen. Und sie, die drei, sie hätten dann nicht mal sein Kind aufgenommen. Aber die Gedanken kommen nur kurz und wärmen ihnen die Ohren, dann vergessen sie sie schnell wieder.

Und manchmal denken sie an das kluge Kind. Und dann denken sie auch irgendwann nicht mehr. Und als das Kartenspiel vergilbt ist, spielen sie mit Rindenstücken. Und als der Erste tot vom Stuhl fällt, bemerken es die anderen kaum, und irgendwann liegen sie alle tot, während die Dörfler alle gegangen sind oder die Pest sie geholt hat, wer weiß das schon.

Aber der Martin, der geht in die Landschaft hinein. Und jeder grüne Wiesengrund ist seine Zukunft. Jedes blühende Feld ein Gruß auf seinem Weg. In die Verblauung der Hügel hinein, die sich auf des Malers Künstlerseele legen, dass er ihre Schwingungen und Kuppen noch auf dem Totenbett wird zeichnen können. Über ihnen allen die hellen Falkenrufe. Ein blanker Himmel. Warme Sonne, die dem Hahn nach und nach das Gefieder wärmen wird. Und in Martin schwingt wie ein Lied die ganze Erlösung. Sie haben genug gelitten. Sie haben vom Leid getrunken und vom Hunger gegessen. Aus Kälte haben sie ihr Lager gestellt, mit

Tränen haben sie einander zugedeckt und Schreie waren ihre Abendlieder.

Aber jetzt träumen sie, als wäre es ein Leben. Die Gräser sind grünes Wasser bis zum Horizont, auf dem die Abendsonne einen hellen Gürtel flammt. Nun dürfen Martin und Franzi gemeinsam ein Leben träumen, in dem sie einander lieben und achten. Auch den Maler. Den Hahn. Manchmal werden sie darin aufwachen und ihre Gesichter im Schmerz verzerrt vorfinden. Dann wird der andere sie halten, streicheln und Worte flüsternd zurück in die Umarmung mitnehmen und hineinsinken in die ruhigen Schritte. Ihre Schritte, die längst keinen Boden mehr brauchen, um voranzukommen. Ihr Weg, um den sie nun miteinander wissen.

Und keiner lässt den anderen los.

Danksagung

Ich danke meiner Agentin Caterina Schäfer für ihre unerschütterliche Zuversicht und ihr Engagement, den richtigen Verlag für das Manuskript zu finden.

Ich danke meinen Kindern für all die geliebten Tage und Nächte, die ich mit ihnen sein darf.

Und Christian, dir sei Dank für das ganze Glück.